沈从文
散文珍藏本
SHEN CONG WEN

从文自传

图书在版编目（CIP）数据

从文自传：珍藏本/沈从文著. —2 版. —北京：人民文学出版社，2021
（沈从文散文珍藏本）
ISBN 978-7-02-016343-4

Ⅰ. ①从… Ⅱ. ①沈… Ⅲ. ①沈从文（1902—1988）—自传 Ⅳ. ①K825.6

中国版本图书馆 CIP 数据核字 2020 第 083368 号

责任编辑	杜　丽
装帧设计	刘　静
责任印制	廖　冉

出版发行	人民文学出版社
社　　址	北京市朝内大街 166 号
邮政编码	100705

印　　刷	北京盛通印刷股份有限公司
经　　销	全国新华书店等

字　　数	107 千字
开　　本	850 毫米×1168 毫米　1/32
印　　张	4.125　插页 3
印　　数	1—5000
版　　次	1981 年 12 月北京第 1 版
	2017 年 3 月北京第 2 版
印　　次	2021 年 5 月第 1 次印刷
书　　号	978-7-02-016343-4
定　　价	45.00 元

如有印装质量问题，请与本社图书销售中心调换。电话:010-65233595

沈从文
(1902—1988)

湖南凤凰县人。因家境没落，小学毕业后即投身行伍，随地方军队浪迹于湘黔川边境。1923年，在"五四"运动余波影响下，远离家乡闯荡北京，结识了董秋斯、张采真、司徒乔、焦菊隐、陈翔鹤、寒先艾等一批文学青年、大学生朋友。1924年底在《晨报副刊》发表了第一篇散文作品，正式开始了写作生涯。1929年后转移到上海，大量写作同时，经过胡适介绍开始在吴淞中国公学教书，后陆续曾在青岛大学、武汉大学、西南联大、北京大学任教。

主要文学作品有《边城》《湘行散记》《长河》等。1949年后从文学写作转向历史文物研究，先后在中国历史博物馆、中国社会科学院历史研究所工作，主要成果之一为《中国古代服饰研究》。2003年，家人和多方研究者合作编辑出版了32卷本《沈从文全集》。

我最喜欢天上落雨,一落了小雨,若脚下穿的是布鞋,即或天气正当十冬腊月,我也可以用恐怕湿却鞋袜为辞,有理由即刻脱下鞋袜赤脚在街上走路。

——《我读一本小书同时又读一本大书》

1929 年初夏作者在上海

目 录

我所生长的地方 ················ 1
我的家庭 ···················· 5
我读一本小书同时又读一本大书 ········ 7
辛亥革命的一课 ················ 20
我上许多课仍然不放下那一本大书 ······ 27
预备兵的技术班 ················ 38
一个老战兵 ·················· 43
辰州 ······················ 48
清乡所见 ···················· 54
怀化镇 ····················· 58
姓文的秘书 ·················· 66
女难 ······················ 71
常德 ······················ 79
船上 ······················ 84
保靖 ······················ 88
一个大王 ···················· 94
学历史的地方 ················· 106
一个转机 ···················· 111

附记 ………………………………………… *117*

附录：
略传——从文自序 ………………………… *120*
自我评述 …………………………………… *122*
自订年表 …………………………………… *123*

我所生长的地方

拿起我这枝笔来,想写点我在这地面上二十年所过的日子,所见的人物,所听的声音,所嗅的气味;也就是说我真真实实所受的人生教育,首先提到一个我从那儿生长的边疆僻地小城时,实在不知道怎样来着手就较方便些。我应当照城市中人的口吻来说,这真是一个古怪地方!只由于两百年前满人治理中国土地时,为镇抚与虐杀残余苗族,派遣了一队戍卒屯丁驻扎,方有了城堡与居民。这古怪地方的成立与一切过去,有一部《苗防备览》①记载了些官方文件,但那只是一部枯燥无味的官书。我想把我一篇作品②里所简单描绘过的那个小城,介绍到这里来。这虽然只是一个轮廓,但那地方一切情景,却浮凸起来,仿佛可用手去摸触。

一个好事人,若从一百年前某种较旧一点的地图上去寻找,当可在黔北,川东,湘西,一处极偏僻的角隅上,发现了一个名为"镇筸"③的小点。那里同别的小点一样,事实上应当有一个城市,在

---

① 清严如煜编撰,共 22 卷。内容记载湘西及贵州铜仁、松桃,四川秀山一带的山川、险要、道路、民俗、兵谋、营制和当地少数民族的有关文献等。
② 指作者的小说《凤子》之"五","一个被地图所遗忘的地方被历史所遗忘的一天"。
③ 即今湘西凤凰县县城。

那城市中,安顿下三五千人口。不过一切城市的存在,大部分皆在交通,物产,经济活动情形下面,成为那个城市枯荣的因缘,这一个地方,却以另外一个意义无所依附而独立存在。试将那个用粗糙而坚实巨大石头砌成的圆城,作为中心,向四方展开,围绕了这边疆僻地的孤城,约有四千到五千左右的碉堡,五百以上的营汛。碉堡各用大石块堆成,位置在山顶头,随了山岭脉络蜿蜒各处走去,营汛各位置在驿路上,布置得极有秩序。这些东西在一百七十年前,是按照一种精密的计划,各保持相当距离,在周围数百里内,平均分配下来,解决了退守一隅常作蠢动的边苗叛变的。两世纪来满清的暴政,以及因这暴政而引起的反抗,血染赤了每一条官路同每一个碉堡。到如今,一切完事了,碉堡多数业已毁掉了,营汛多数成为民房了,人民已大半同化了。落日黄昏时节,站到那个巍然独在万山环绕的孤城高处,眺望那些远近残毁碉堡,还可依稀想见当时角鼓火炬传警告急的光景。这地方到今日,已因为变成另外一种军事重心,一切皆用一种迅速的姿势,在改变,在进步,同时这种进步,也就正消灭到过去一切。

凡有机会追随了屈原溯江而行那条长年澄清的沅水,向上游去的旅客和商人,若打量由陆路入黔入川,不经古夜郎国,不经永顺龙山,都应当明白"镇筸"是个可以安顿他的行李最可靠也最舒服的地方。那里土匪的名称不习惯于一般人的耳朵。兵卒纯善如平民,与人无侮无扰。农民勇敢而安分,且莫不敬神守法。商人各负担了花纱同货物,洒脱单独向深山中村庄走去,与平民作有无交易,谋取什一之利。地方统治者分数种:最上为天神,其次为官,又其次才为村长同执行巫术的神的侍奉者。人人洁身信神,守法爱官。每家俱有兵役,可按月各自到营上领取一点银子,一份米糠,且可从官家领取二百年前被政府所没收的公田耕耨播种。城中人每年各按照家中有无，到天王庙去杀猪，宰羊，礤狗，献鸡，献鱼，求神保佑五谷的繁殖，六畜的兴旺，儿女的长成，以及作疾病婚丧的禳解。人人皆很高兴担负官府所分派的捐款，又自动的捐钱与庙祝或单独执行巫术者。一切事保持一种淳朴习惯，遵从古礼；春秋二季农事起始与结束时，照例有年老人向各处人家敛钱，给社稷神唱木傀儡戏。旱暵祈雨，便有小孩子共同抬了活狗，带上柳条，或扎成草龙，各处走去。春天常有春官，穿黄衣各处念农事歌词。岁暮年末居民便装饰红衣傩神于家中正屋，捶大鼓如雷鸣，苗巫穿鲜红如血衣服，吹镂银牛角，拿铜刀，踊跃歌舞娱神。城中的住民，多当时派遣移来的戍卒屯丁，此外则有江西人在此卖布，福建人在此卖烟，广东人在此卖药。地方由少数读书人与多数军官，在政治上与婚姻上两面的结合，产生一个上层阶级，这阶级一方面用一种保守稳健的政策，长时期管理政治，一方面支配了大部分属于私有的土地；而这阶级的来源，却又仍然出于当年的戍卒屯丁。地方城外山坡上产桐树杉树，矿坑中有朱砂水银，松林里生菌子，山洞中多硝。城乡全不缺少勇敢忠诚适于理想的兵士，与温柔耐劳适于家庭的妇人。在军校阶级厨房中，出异常可口的菜饭，在伐树砍柴人口中，出热情优美的歌声。

地方东南四十里接近大河，一道河流肥沃了平衍的两岸，多米，多橘柚。西北二十里后，即已渐入高原，近抵苗乡，万山重叠，大小重叠的山中，大杉树以长年深绿逼人的颜色，蔓延各处。一道小河从高山绝涧中流出，汇集了万山细流，沿了两岸有杉树林的河沟奔驶而过，农民各就河边编缚竹子作成水车，引河中流水，灌溉高处的山田。河水长年清澈，其中多鳜鱼，鲫鱼，鲤鱼，大的比人脚板还大。河岸上那些人家里,常常可以见到白脸长身见人善作媚笑的女子。小河水流环绕"镇筸"北城下驶,到一百七十里后方汇入辰河,直抵洞庭。

　　这地方又名凤凰厅,到民国后便改成了县治,名凤凰县。辛亥革命后,湘西镇守使与辰沅道皆驻节在此地。地方居民不过五六千,驻防各处的正规兵士却有七千。由于环境的不同,直到现在其地绿营兵役制度尚保存不废,为中国绿营军制唯一残留之物。

　　我就生长到这样一个小城里,将近十五岁时方离开。出门两年半回过那小城一次以后,直到现在为止,那城门我还不再进去过。但那地方我是熟习的。现在还有许多人生活在那个城市里,我却常常生活在那个小城过去给我的印象里。

我的家庭

咸同之季,中国近代史极可注意之一页,曾左胡彭①所领带的湘军部队中,筸军有个相当的位置。统率筸军转战各处的是一群青年将校,最著名的为田兴恕。当时同伴数人,年在二十以内,同时得到满清提督衔的仿佛有四位,其中有一沈洪富②,便是我的祖父。这青年军官二十二岁左右时,便曾作过一度云南昭通镇守使。同治二年又作过贵州总督,到后因创伤回到家中,终于便在家中死掉了。这青年军官死去时,所留下的一分光荣与一分产业,使他后嗣在本地方占了一个优越的地位。

就由于存在本地军人口中那一分光荣,引起了后人对军人家世的骄傲,我的父亲生下地时,祖母所期望的事,是家中再来一个将军。家中所期望的并不曾失望,自体魄与气度两方面说来,我爸爸生来就不缺少一个将军的风仪。硕大,结实,豪放,爽直,一个将军所必需的种种本色,爸爸无不兼备,爸爸十岁左右时,家中就为他请了武术教师同老塾师,学习作将军所不可少的技术与学识。但爸爸还不曾成名以前,我的祖母却死去了。那时正是庚子联军

---

① 指曾国藩、左宗棠、胡林翼、彭玉麟。下文"筸军",指湘军中以镇筸人为主体组成的军队。
② 即沈宏富,实为贵州提督。

入京的第三年。当庚子年大沽失守,镇守大沽的罗提督[①]自尽殉职时,我的爸爸便正在那里作他身边一员裨将。那次战争据说毁去了我家中产业的一大半。由于爸爸的爱好,家中一些较值钱的宝货常放在他身边,这一来便完全失掉了。战事既已不可收拾,北京失陷后,爸爸回到了家乡。第三年祖母死去。祖母死时我刚活到这世界上四个月。那时我头上已经有两个姐姐,一个哥哥。没有庚子的拳乱,我爸爸不会回来,我也不会存在。关于祖母的死,我仿佛还依稀记得我被谁抱着在一个白色人堆里转动,随后还被搁到一个桌子上去。我家中自从祖母死后十余年内不曾死去一人,若不是我在两岁以后做梦,这点影子便应当是那时唯一的记忆。

我的兄弟姊妹共九个,我排行第四,除去幼年殇去的姊妹,现在生存的还有五个,计兄弟姊妹各一,我应当在第三。

我的母亲姓黄[②],年纪极小时就随同我一个舅父在军营中生活,所见事情很多,所读的书也似乎较爸爸读的稍多。我等兄弟姊妹的初步教育,便全是这个瘦小,机警,富于胆气与常识的母亲担负的。我的教育得于母亲的不少,她告我认字,告我认识药名,告我决断;做男子极不可少的决断。我的气度得于父亲影响的较少,得于妈妈的也较多。

[①] 即当时的天津总兵罗荣光。作者之父沈宗嗣曾跟随他驻守大沽口炮台。
[②] 作者之母姓黄名英。

我读一本小书同时又读一本大书

我能正确记忆到我小时的一切,大约在两岁左右。我从小到四岁左右,始终健全肥壮如一只小豚。四岁时母亲一面告给我认方字,外祖母一面便给我糖吃,到认完六百生字时,腹中生了蛔虫,弄得黄瘦异常,只得每天用草药蒸鸡肝当饭。那时节我即已跟随了两个姊姊,到一个女先生处上学。那人既是我的亲戚,我年龄又那么小,过那边去念书,坐在书桌边读书的时节较少,坐在她膝上玩的时间或者较多。

到六岁时我的弟弟方两岁,两人同时出了疹子,时正六月,日夜皆在吓人高热中受苦,又不能躺下睡觉,一躺下就咳嗽发喘,又不要人抱,抱时全身难受,我还记得我同我那弟弟两人当时皆用竹簟卷好,同春卷一样,竖立在屋中阴凉处。家中人当时业已为我们预备了两具小小棺木,搁在院中廊下,但十分幸运,两人到后居然全好了。我的弟弟病后雇请了一个壮实高大的苗妇人照料,照料得法,他便壮大异常。我因此一病,却完全改了样子,从此不再与肥胖为缘了。

六岁时我已单独上了私塾。如一般风气,凡是私塾中给予小孩子的虐待,我照样也得到了一分。但初上学时我因为在家中业已认字不少,记忆力从小又似乎特别好,故比较其余小孩,可谓十分幸福。第二年后换了一个私塾,在这私塾中我跟从了几个较大的学生,学会了顽劣孩子抵抗顽固塾师的方法,逃避那些书本去同一切自然相亲近。这一年的生活形成了我一生性格与感情的基础。我间或逃学,且一再说谎,掩饰我逃学应受的处罚。我的爸爸因这件事十分愤怒,有一次竟说若再逃学说谎,便当实行砍去我一个手指。我仍然不为这话所恐吓,机会一来时总不把逃学的机会轻轻放过。当我学会了用自己眼睛看世界一切,到一切生活中去生活时,学校对于我便已毫无兴味可言了。

我爸爸平时本极爱我,我曾经有一时还作过我那一家的中心人物。稍稍害点病时,一家人便光着眼睛不即睡眠,在床边服侍我,当我要谁抱时谁就伸出手来。家中那时经济情形很好,我在物质方面所享受到的,比起一般亲戚小孩似乎皆好得多。我的爸爸既一面只作将军的好梦,一面对于我却怀了更大的希望。他仿佛早就看出我不是个军人,不希望我作将军,却告给我祖父的许多勇敢光荣的故事,以及他庚子年间所得的一分经验。他以为我不拘作什么事,总之应比作个将军高些。第一个赞美我明慧的就是我的爸爸。可是当他发现了我成天从塾中逃出到太阳底下同一群小流氓游荡,任何方法都不能拘束这颗小小的心,且不能禁止我狡猾的说谎时,我的行为实在伤了这个军人的心。同时那小我四岁的弟弟,因为看护他的苗妇人照料十分得法,身体养得强壮异常,年龄虽小,便显得气派宏大,凝静结实,且极自尊自爱,故家中人对我感到失望时,对他便异常关切起来。这小孩子到后来也并不辜负家中人的期望,二十二岁时便作了步兵上校。至于我那个爸爸,却在蒙古,东北,西藏,各处军队中混过,民国二十年时还只是一个上校,把将军希望留在弟弟身上,在家乡从一种极轻微的疾病中便瞑目了。

我有了外面的自由,对于家中的爱护反觉处处受了牵制,因此家中人疏忽了我的生活时,反而似乎使我方便了一些。领导我逃出学塾,尽我到日光下去认识这大千世界微妙的光,稀奇的色,以及万汇百物的动静,这人是我一个张姓表哥。他开始带我到他家中橘柚园中去玩,到各处山上去玩,到各种野孩子堆里去玩,到水边去玩。他教我说谎,用一种谎话对付家中,又用另一种谎话对付学塾,引诱我跟他各处跑去。即或不逃学,学塾为了担心学童下河洗澡,每度中午散学时,照例必在每人手心中用朱笔写一大字,我们尚依然能够一手高举,把身体泡到河水中玩个半天,这方法也亏那表哥想出的。我感情流动而不凝固,一派清波给予我的影响实在不小。我幼小时较美丽的生活,大部分都与水不能分离。我的学校可以说是在水边的。我认识美,学会思索,水对我有极大的关系。我最初与水接近,便是那荒唐表哥领带的。

现在说来,我在作孩子的时代,原本也不是个全不知自重的小孩子。我并不愚蠢。当时在一班表兄弟中和弟兄中,似乎只有我那个哥哥比我聪明,我却比其他一切孩子解事。但自从那表哥教会我逃学后,我便成为毫不自重的人了。在各样教训各样方法管束下,我不欢喜读书的性情,从塾师方面,从家庭方面,从亲戚方面,莫不对于我感觉无多希望。我的长处到那时只是种种的说谎。我非从学塾逃到外面空气下不可,逃学过后又得逃避处罚,我最先所学,同时拿来致用的,也就是根据各种经验来制作各种谎话。我的心总得为一种新鲜声音,新鲜颜色,新鲜气味而跳。我得认识本人生活以外的生活。我的智慧应当从直接生活上得来,却不需从一本好书一句好话上学来。似乎就只这样一个原因,我在学塾中,逃学纪录点数,在当时便比任何一人都高。

离开私塾转入新式小学时,我学的总是学校以外的,到我出外自食其力时,我又不曾在我职务上学好过什么。二十年后我"不安于当前事务,却倾心于现世光色,对于一切成例与观念皆十分怀疑,却常常为人生远景而凝眸",这分性格的形成,便应当溯源于小时在私塾中的逃学习惯。

自从逃学成为习惯后,我除了想方设法逃学,什么也不再关心。

有时天气坏一点,不便出城上山里去玩,逃了学没有什么去处,我就一个人走到城外庙里去,那些庙里总常常有人在殿前廊下绞绳子,织竹簟,做香,我就看他们做事。有人下棋,我看下棋。有人打拳,我看打拳。甚至于相骂,我也看着,看他们如何骂来骂去,如何结果。因为自己既逃学,走到的地方必不能有熟人,所到的必是较远的庙里。到了那里,既无一个熟人,因此什么事皆只好用耳朵去听,眼睛去看,直到看无可看听无可听时,我便应当设计打量我怎么回家去的方法了。

来去学校我得拿一个书篮。逃学时还把书篮挂到手肘上,这就未免太蠢了一点。凡这么办的可以说是不聪明的孩子。许多这种小孩子,因为逃学到各处去,人家一见就认得出,上年纪一点的人见到时就会说:逃学的人,你赶快跑回家挨打去,不要在这里玩。若无书篮可不必受这种教训。因此我们就想出了一个方法,把书篮寄存到一个土地庙里去,那地方无一个人看管,但谁也用不着担心他的书篮。小孩子对于土地神全不缺少必需的敬畏,都信托这木偶,把书篮好好的藏到神座龛子里去,常常同时有五个或八个,到时却各人把各人的拿走,谁也不会乱动旁人的东西。我把书篮放到那地方去,次数是不能记忆了的,照我想来,搁的最多的必定是我。

逃学失败被家中学校任何一方面发觉时,两方面总得各挨一顿打,在学校得自己把板凳搬到孔夫子牌位前,伏在上面受笞。处罚过后还要对孔夫子牌位作一揖,表示忏悔。有时又常常罚跪至一根香时间。我一面被处罚跪在房中的一隅,一面便记着各种事情,想象恰如生了一对翅膀,凭经验飞到各样动人事物上去。按照天气寒暖,想到河中的鳜鱼被钓起离水以后拨刺的情形,想到天上飞满风筝的情形,想到空山中歌呼的黄鹂,想到树木上累累的果实。由于最容易神往到种种屋外东西上去,反而常把处罚的痛苦忘掉,处罚的时间忘掉,直到被唤起以后为止,我就从不曾在被处罚中感觉过小小冤屈。那不是冤屈。我应感谢那种处罚,使我无法同自然接近时,给我一个练习想象的机会。

家中对这件事自然照例不大明白情形,以为只是教师方面太宽的过失,因此又为我换一个教师。我当然不能在这些变动上有什么异议。现在说来我倒又得感谢我的家中,因为先前那个学校比较近些,虽常常绕道上学,终不是个办法,且因绕道过远,把时间耽误太久时,无可托词。现在的学校可真很远很远了,不必包绕偏街,我便应当经过许多有趣味的地方了。从我家中到那个新的学塾里去时,路上我可看到针铺门前永远必有一个老人戴了极大的眼镜,低下头来在那里磨针。又可看到一个伞铺,大门敞开,作伞时十几个学徒一起工作,尽人欣赏。又有皮靴店,大胖子皮匠天热时总腆出一个大而黑的肚皮,(上面有一撮毛!)用夹板上鞋。又有剃头铺,任何时节总有人手托一个小小木盘,呆呆的在那里尽剃头师傅刮头。又可看到一家染坊,有强壮多力的苗人,踹在凹形石碾上面,站得高高的,偏左偏右的摇荡。又有三家苗人打豆腐的作坊,小腰白齿头包花帕的苗妇人,时时刻刻口上都轻声唱歌,一面引逗缚在身背后包单里的小苗人,一面用放光的铜勺舀取豆浆。我还必需经过一个豆粉作坊,远远的就可听到骡子推磨隆隆的声音,屋顶棚架上晾满白粉条。我还得经过一些屠户肉案桌,可看到那些新鲜猪肉砍碎时尚在跳动不止。我还得经过一家扎冥器出租花轿的铺子,有白面无常鬼,蓝面魔鬼,鱼龙,轿子,金童玉女,每天且可以从他那里看出有多少人接亲,有多少冥器,那些定做的作品又成就了多少,换了些什么式样,并且还常常停顿一两分钟,看他们贴金,傅粉,涂色。

我就欢喜看那些东西,一面看一面明白了许多事情。

每天上学时,照例手肘上挂了那个竹篮,里面放两本破书,在家中虽不敢不穿鞋,可是一出了大门,即刻就把鞋脱下拿到手上,赤脚向学校走去。不管如何,时间照例是有多余的,因此我总得绕一节路玩玩。若从西城走去,在那边就可看到牢狱,大清早若干人从那方面带了脚镣从牢中出来,派过衙门去挖土。若从杀人处走过,昨天杀的人还不收尸,一定已被野狗把尸首咋碎或拖到小溪中去了,就走过去看看那个糜碎了的尸体,或拾起一块小小石头,在那个污秽的头颅上敲打一下,或用一木棍去戳戳,看看会动不动。若还有野狗在那里争夺,就预先拾了许多石头放在书篮里,随手一一向野狗抛掷,不再过去,只远远的看看,就走开了。

既然到了溪边,有时候溪中涨了小小的水,就把袴管高卷,书篮顶在头上,一只手扶书篮一只手照料裤子,在沿了城根流去的溪水中走去,直到水深齐膝处为止。学校在北门,我出的是西门,又进南门,再绕从城里大街一直走去。在南门河滩方面我还可以看一阵杀牛,机会好时恰好正看到那老实可怜畜牲放倒的情形。因为每天可以看一点点,杀牛的手续同牛内脏的位置不久也就被我完全弄清楚了。再过去一点就是边街,有织簟子的铺子,每天任何时节皆有几个老人坐在门前用厚背的钢刀破篾,有两个小孩子蹲在地上织簟子。(这种事情在学校门边也有,我对于这一行手艺,所明白的种种,现在说来似乎比写字还在行。)又有铁匠铺,制铁炉同风箱皆占据屋中,大门永远敞开着,时间即或再早一些,也可以看到一个小孩子两只手拉着风箱横柄,把整个身子的分量前倾后倒,风箱于是就连续发出一种吼声,火炉上便放出一股臭烟同红光。待到把赤红的热铁拉出搁放到铁砧上时,这个小东西,赶忙舞动细柄铁锤,把铁锤从身背后扬起,在身面前落下,火花四溅的一下一下打着。有时打的是一把刀,有时打的是一件农具。有时看到的又是用一把凿子在未淬水的刀上起去铁皮,有时又是把一条薄薄的钢片嵌进熟铁里去。日子一多,关于任何一件机器的制造秩序我也不会弄错了。边街又有小饭铺,门前有个大竹筒,插满了用竹子削成的筷子,有干鱼同酸菜,用钵头装满放在门前柜台上,引诱主顾上门,意思好像是说:"吃我,随便吃我,好吃!"每次我总仔细看看,真所谓过屠门而大嚼。

　　我最欢喜天上落雨,一落了小雨,若脚下穿的是布鞋,即或天气正当十冬腊月,我也可以用恐怕湿却鞋袜为辞,有理由即刻脱下鞋袜赤脚在街上走路。但最使人开心事,还是落过大雨以后,街上许多地方已被水所浸没,许多地方阴沟中涌出水来,在这些地方照例常常有人不能过身,我却赤着两脚故意向深水中走去。若河中涨了点水,照例上游会漂流得有木头,傢具,南瓜同其他东西,就赶快到横跨大河的桥上去看热闹。桥上必已经有人用长绳系了自己

13

的腰身，在桥头上呆着，注目水中，有所等待，看到有一段大木或一件值得下水的东西浮来时，就踊身一跃，骑到那树上，或傍近物边，把绳子缚定，自己便快快的向下游岸边泅去。另外几个在岸边的人把水中人援助上岸后，就把绳子拉着，或缠绕到大石上大树上去，于是第二次又有第二人来在桥头上等候。我欢喜看人在洄水里扳罾，巴掌大的活鱼在网中蹦跳。一涨了水照例也就可以看这种有趣味的事情。照家中规矩，一落雨就得穿上钉鞋，我可真不愿意穿那种笨重钉鞋。虽然在半夜时有人从街巷里过身，钉鞋声音实在好听，大白天对于钉鞋我依然毫无兴味。

若在四月落了点小雨，山地里田塍上各处皆是蟋蟀声音，真使人心花怒放。在这些时节，我便觉得学校真没有意思，简直坐不住，总得想方设法逃学上山去捉蟋蟀。有时没有什么东西安置这小东西，就走到那里去，把第一只捉到手后又捉第二只，两只手各有一只后，就听第三只。本地蟋蟀原分春秋二季，春季的多在田间泥里草里，秋季的多在人家附近石罅里瓦砾中，如今既然这东西只在泥层里，故即或两只手心各有一匹小东西后，我总还可以想方设法把第三只从泥土中赶出，看看若比较手中的大些，即开释了手中所有，捕捉新的，如此轮流换去，一整天方捉回两只小虫。城头上有白色炊烟，街巷里有摇铃铛卖煤油的声音，约当下午三点左右时，赶忙走到一个刻花板的老木匠那里去，很兴奋的同那木匠说：

"师傅师傅，今天可捉了大王来了！"

那木匠便故意装成无动于中的神气，仍然坐在高凳上玩他的车盘，正眼也不看我的说："不成，要打打得赌点输赢！"

我说："输了替你磨刀成不成？"

"嗨，够了，我不要你磨刀，上次磨凿子还磨坏了我的家伙！"

这不是冤枉我的一句话,我上次的确磨坏了他的一把凿子。不好意思再说磨刀了,我说:

"师傅,那这样办法,你借给我一个瓦盆子,让我自己来试试这两只谁能干些好不好?"我说这话时真怪和气,为的是他以逸待劳,不允许我还是无办法。

那木匠想了想,好像莫可奈何的样子:"借盆子得把战败的一只给我,算作租钱。"

我满口答应:"那成那成。"

于是他方离开车盘,很慷慨的借给我一个泥罐子,顷刻之间我也就只剩下一只蟋蟀了。这木匠看看我捉来的虫还不坏,必向我提议:"我们来比比,你赢了,我借你这泥罐一天;你输了,你把这蟋蟀输给我:办法公平不公平?"我正需要那么一个办法,连说公平公平,于是这木匠进去了一会儿,拿出一只蟋蟀来同我一斗,不消说,三五回合我的自然又败了。他用的蟋蟀照例却常常是我前一天输给他的。那木匠看看我有点颓丧,明白我认识那匹小东西,担心我生气时一摔,一面赶忙收拾盆罐,一面带着鼓励我神气笑笑的说:

"老弟,老弟,明天再来,明天再来!你应当捉好的来,走远一点。明天来,明天来!"

我什么话也不说,微笑着,出了木匠的大门,回家了。

这样一整天在为雨水泡软的田塍上乱跑,回家时常常全身是泥,家中当然一望而知,于是不必多说,沿老例跪一根香,罚关在空房子里,不许哭,不许吃饭。等一会儿我自然可以从姊姊方面得到充饥的东西,悄悄的把东西吃下以后,我也疲倦了,因此空房中即或再冷一点,老鼠来去很多,一会儿就睡着,再也不知道如何上床的事了。

即或在家中那么受折磨,到学校去时又免不了补挨一顿板子,我还是在想逃学时就逃学,决不为经验所恐吓。

有时逃学又只是到山上去偷人家园地里的李子枇杷,主人拿着长长的竹杆子大骂着追来时,就飞奔而逃,逃到远处一面吃那个赃物,一面还唱山歌气那主人。总而言之,人虽小小的,两只脚跑得很快,什么茨棚里钻去也不在乎,要捉我可捉不到,就认为这种事很有趣味。

可是只要我不逃学,在学校里我是不至于像其他那些人受处罚的。我从不用心念书,但我从不在应当背诵时节无法对付。许多书总是临时来读十遍八遍,背诵时节却居然琅琅上口,一字不遗。也似乎就由于这分小小聪明,学校把我同一般人的待遇,更使我轻视学校。家中不了解我为什么不想上进,不好好的利用自己聪明用功,我不了解家中为什么只要我读书,不让我玩。我自己总以为读书太容易了点,把认得的字记记那不算什么希奇。最希奇处应当是另外那些人,在他那分习惯下所做的一切事情。为什么骡子推磨时得把眼睛遮上?为什么刀得烧红时在水里一淬方能坚硬?为什么雕佛像的会把木头雕成人形,所贴的金那么薄又用什么方法作成?为什么小铜匠会在一块铜板上钻那么一个圆眼,刻花时刻得整整齐齐?这些古怪事情太多了。

我生活中充满了疑问,都得我自己去找寻答解。我要知道的太多,所知道的又太少,有时便有点发愁。就为的是白日里太野,各处去看,各处去听,还各处去嗅闻:死蛇的气味,腐草的气味,屠户身上的气味,烧碗处土窑被雨以后放出的气味,要我说来虽当时无法用言语去形容,要我辨别却十分容易。蝙蝠的声音,一只黄牛当屠户把刀剚进它喉中时叹息的声音,藏在田塍土穴中大黄喉蛇的鸣声,黑暗中鱼在水面泼刺的微声,全因到耳边时分量不同,我也记得那么清清楚楚。因此回到家里时,夜间我便做出无数希奇古怪的梦。这些梦直到将近二十年后的如今,还常常使我在半夜里无法安眠,既把我带回到那个"过去"的空虚里去,也把我带往穷幻的宇宙里去。

在我面前的世界已够宽广了,但我似乎就还得一个更宽广的世界。我得用这方面弄到的知识证明那方面的疑问。我得从比较中知道谁好谁坏。我得看许多业已由于好询问别人,以及好自己幻想,所感觉到的世界上的新鲜事情,新鲜东西。结果能逃学我逃学,不能逃学我就只好做梦。

照地方风气说来,一个小孩子野一点的照例也必需强悍一点,因此各处方能跑去。各处跑去皆随时会有一样东西在无意中扑到你身边来,或是一只凶恶的狗,或是一个顽劣的人。无法抵抗这点袭击,就不容易各处自由放荡。一个野一点的孩子,即或身边不必时时刻刻带一把小刀,也总得带一削光的竹块,好好的插到袴带上;遇机会到时,就取出来当作军器,尤其是到一个离家较远的地方去看木傀儡戏,不准备厮杀一场简直不成。你能干点,单身往各处去,有人挑战时还只是一人近你身边来恶斗,若包围到你身边的顽童人数极多,你还可挑选同你精力不大相差的 人;你不妨指定其中之一个说:

"要打吗?你来。我同你来。"

到时也只那一个人拢来,被他打倒,你活该,只好伏在地上尽他压着痛打一顿。你打倒了他,他活该,你把他揍够后你当时可以自由走去,谁也不会追你,只不过说句"下次再来"罢了。

可是你根本上若就十分怯弱？即或结伴同行，到什么地方去时，也会有人特意挑出你来殴斗，应战你得吃亏，不答应你得被仇人与同伴两方面奚落，顶不经济。

感谢我那爸爸给了我一分勇气，人虽小，到什么地方去我总不吓怕。到被人围上必需打架时，我能挑出那些同我不差多少的人来，我的敏捷同机智，总常常占点上风。有时气运不佳，无意中被人摔倒，我还会有方法翻身过来压到别人身上去。在这件事上我只吃过一次亏，不是一个小孩，却是一只恶狗，把我攻倒后，咬伤了我一只手。我走到任何地方去皆不怕谁，同时又换了好些私塾，各处皆有些同学，并且互相皆逃过学，便有无数朋友，因此也不会同人打架了。可是自从被那只恶狗攻过一次以后，到如今我却依然十分怕狗。

至于我那地方的大人，用单刀在大街上决斗本不算回事。事情发生时，那些有小孩子在街上玩的母亲，也不过说："小杂种，站远一点，不要太近！"嘱咐小孩子稍稍站开点儿罢了。但本地军人互相砍杀虽不出奇，行刺暗算却不作兴。这类善于殴斗的人物，在当地另成一组，豁达大度，谦卑接物，为友报仇，爱义好施，且多非常孝顺。但这类人物为时代所陶冶，到民五以后也就渐渐消灭了，虽有些青年军官还保存那点风格，风格中最重要的一点洒脱处，却为了军纪一类影响，大不如前辈了。

我有三个堂叔叔，皆住在城南乡下，离城四十里左右。那地方名黄罗寨，出强悍的人同猛鸷的兽，我爸爸三岁时在那里差一点险被老虎咬去，我四岁左右，到那里第一天，就看见乡下人抬了一只死虎进城，给我留下极深刻的印象。

我还有一个表哥，住在城北十里地名长宁哨的乡下，从那里再过十里便是苗乡。表哥是一个紫色脸膛的人,一个守碉堡的战兵。我四岁时被他带到乡下去过了三天,二十年后还记得那个小小城堡黄昏来时鼓角的声音。

这战兵在苗乡有点势力,很能喊叫一些苗人。每次来城时,必为我带一只小鸡或一点别的东西。一来为我说苗人故事,临走时我总不让他走。我欢喜他,觉得他比乡下叔父有趣。

辛亥革命的一课

有一天我那表哥又从乡下来了,见了他使我非常快乐。我问他那些水车,那些碾坊,又问他许多我在乡下所熟习的东西。可是我不明白,这次他竟不大理我,不大同我亲热。他只成天出去买白带子,自己买了许多不算,还托我四叔买了许多。家中搁下两担白带子,还说不大够用。他同我爸爸又商量了很多事情,我虽听到却不很懂是什么意思。其中一件便是把三弟同大哥派阿妳①送进苗乡去,把我大姊二姊送过表哥乡下那山洞里去。爸爸即刻就遵照表哥的计划办去,母亲当时似乎也承认这么办较安全方便。在一种迅速处置下,四人当天离开家中同表哥上了路。表哥去时挑了一担白带子,我疑心他想开一个铺子,方用得着这样多带子。

当表哥一行人众动身时,爸爸问表哥"明夜来不来?"那一个就回答说:"不来,怎么成事?我的事还多得很!"

我知道表哥的许多事中,一定有一件事是为我带那匹花公鸡,那是他早先答应过我的。因此就插口说:

"你来,可别忘记答应我那个东西!"

当我两个姊姊一个哥哥一个弟弟同那苗妇人躲进苗乡时,我

---

① 苗语"大姐"的意思。

爸爸问我：

"你怎么样？跟阿妤进苗乡去,还是跟我在城里？"

"什么地方热闹些？"我意思只是向热闹处走。

"不要这样问,我明白你的意思,你要在城里看热闹,就留下来莫过苗乡吧。"

听说同我爸爸留在城里,我真欢喜。我记得分分明明,第二天晚上,叔父红着脸在灯光下磨刀的情形,真十分有趣。一时走过仓库边看叔父磨刀,一时又走到书房去看我爸爸擦枪。家中人既走了不少,忽然显得空阔许多,我平时似乎胆量很小,到这天也不知道吓怕了。我不明白行将发生什么事情,但却知道有一件很重要的新事快要发生。我满屋各处走去,又傍近爸爸听他们说话,他们每个人脸色都不同往常安详,每人说话皆结结巴巴。几个人一面检察枪支,一面又常常互相来一个莫名其妙的微笑,我也就跟着他们微笑。

我看到他们在日光下做事,又看到他们在灯光下商量,那长身叔父一会儿跑出门去,一会儿又跑回来悄悄的说一阵,我装作不注意的神气,算计到他出门的次数。这一天他一共出门九次,到最后一次出门时,我跟他身后走出到屋廊下,我说：

"四叔,怎么的,你们是不是预备杀仗？"

"咄,你这小东西,还不去睡,回头要猫儿吃你。"

于是我便被一个丫头拖到上边屋里去,把头伏到母亲腿上,一会儿就睡了。

这一夜中城里城外发生的事我全不清楚。等到我照常醒来时,只见全家中各个人皆脸儿白白的,在那里悄悄的说些什么。大家问我昨夜听到什么没有,我只是摇头。我家中似乎少了几个人,数了一下,几个叔叔全不见了,男的只我爸爸一个人,坐在他那唯一专利的太师椅上,低下头来一句话不说。我记起了杀仗的事情,我问他:

"爸爸,爸爸,你究竟杀过仗了没有?"

"小东西,莫乱说,夜来我们杀败了!全军人马覆灭,死了几千人!"

正说着,高个儿叔父从外面回来了,满头是汗,结结巴巴的说:衙门从城边已经抬回了四百一十个人头,一大串耳朵,七架云梯,一些刀,一些别的东西。对河还杀得更多,烧了七处房子,现在还不许上城去看。

爸爸听说有四百个人头,就向叔父说:

"你快去看看,躲韩在里边没有。赶快去,赶快去。"

躲韩就是我那黑而且胖的表兄,我明白他昨天晚上也在城外杀仗后,心中十分关切。听说衙门口有那么多人头,还有一大串人耳朵,正与我爸爸平时为我说到的杀长毛故事相合,我又欢乐又吓怕,兴奋得脸白白的,简直不知道怎么办。洗过了脸,我方走出房门,看看天气阴阴的,像要落雨的神气,一切皆很黯淡。街口平常照例可以听到卖糕人的声音,以及各种别的叫卖声音,今天却异常清静,似乎过年一样。我想得到一个机会出去看看,我最关心的是那些我从不曾摸过的人头。一会儿,我的机会便来了,长身四叔跑回来告我爸爸,人头里没有躲韩的头。且说衙门口人多着,街上铺子皆奉令开了门,张家老爷也上街看热闹了。因此我爸爸便问我:

"小东西,怕不怕人头,不怕就同我出去。"

"不,我想看看人头。"

于是我就在道尹衙门口平地上看到了一大堆肮脏血污人头,

还有衙门口鹿角上,辕门上,也无处不是人头。从城边取回的几架云梯,全用新竹子作成(就是把这新从山中砍来的竹子,横横的贯了许多木棍)。云梯木棍上也悬挂许多人头,看到这些东西我实在希奇,我不明白为什么要杀那么多人。我不明白这些人因什么事就被把头割下。我随后又发现了那一串耳朵,那么一串东西,一生真再也不容易见到过的古怪东西!叔父问我:"小东西,你怕不怕?"我回答得极好,我说"不怕。"我听了多少杀仗的故事,总说是"人头如山,血流成河",看戏时也总据说是"千军万马分个胜败",却除了从戏台上间或演秦琼哭头时可看到一个木人头放在朱红盘子里,此外就不曾看到过一次真的杀仗砍下什么人头。现在却有那么一大堆血淋淋的从人颈脖上砍下的东西。我并不怕,可不明白为什么这些人就让兵士砍他们,有点疑心,以为这一定有了错误。

为什么他们被砍,砍他们的人又为什么?心中许多疑问,回到家中时问爸爸,爸爸只说这是"造反",也不能给我一个满意的答复。我当时以为爸爸那么伟大的人,天上地下知道不知多少事,居然也不明白这件事,倒真觉得奇怪。到现在我才明白这事永远在世界上不缺少,可是谁也不能够给小孩子一个最得体的回答。

这革命原是城中绅士早已知道,用来对付两个衙门,同那些外路商人,攻城以前先就约好了的。但临时却因军队方面谈的条件不妥误了大事。

革命算已失败了,杀戮还只是刚在开始。城防军把防务布置周密妥当后,就分头派兵下乡去捉人,捉来的人只问问一句两句话,就牵出城外去砍掉。平常杀人照例应当在西门外,现在造反的人既从北门来,因此应杀的人也就放在北门河滩上杀戮。当初每天必杀一百左右,每次杀五十个人时,行刑兵士还只是二十,看热闹的也不过三十左右。有时衣也不剥,绳子也不捆缚。就那么跟着赶去的。常常听说有被杀的站得稍远一点,兵士以为是看热闹的人就忘掉走去。被杀的差不多全从乡下捉来,胡胡涂涂不知道是些什么事。因此还有一直到了河滩被人吼着跪下时,方明白行将有什么新事,方大声哭喊惊惶乱跑,刽子手随即赶上前去那么一阵乱刀砍翻的。

这愚蠢的杀戮继续了约一个月,方渐渐减少下来。或者因为天气既很严冷,不必担心到它的腐烂,埋不及时就不埋,或者又因为还另外有一种示众意思,河滩的尸首总常常躺下四五百。

到后人太多了,仿佛凡是西北苗乡捉来的人皆得杀头。衙门方面把文书禀告到抚台时,大致说的就是苗人造反,因此照规矩还得剿平这一片地面上的人民。捉来的人一多,被杀的头脑简单异常,无法自脱,但杀人那一方面却似乎有点寒了心。几个本地有力的绅士,也就是暗地里同城外人讲通却不为官方知道的人,便一同向宪台请求有一个限制,经过一番选择,该杀的杀,该放的放。每天捉来的人既有一百两百,差不多全是无辜的农民,既不能全部开释,也不忍全部杀头,因此选择的手续,便委托了本地人民所敬信的天王,把犯人牵到天王庙大殿前,在神前掷竹筊,一仰一覆的顺筊,开释,双仰的阳筊,开释,双覆的阴筊,杀头。生死取决于一掷,应死的自己向左走去,该活的自己向右走去。一个人在一分赌博上既占去便宜三分之二①,因此应死的谁也不说话,就低下头

---

① 1980年作者注:"这里原文是'三分之二',我的好友数学家钟开莱先生说,根据概率论的道理,实际有四分之三的机会开释,建议我改过来。"

走去。

我那时已经可以自由出门，一有机会就常常到城头上去看对河杀头，每当人已杀过赶不及看那一砍时，便与其他小孩比赛眼力，一二三四屈指计数那一片死尸的数目，或者又跟随了犯人，到天王庙看他们掷筊。看那些乡下人，如何闭了眼睛把手中一副竹筊用力抛去，有些人到已应当开释时还不敢睁开眼睛。又看着些虽应死去还想念到家中小孩与小牛猪羊的，那分颓丧那分对神埋怨的神情，真使我永远忘不了。

我刚好知道"人生"时，我知道的原来就是这些事情。

第二年三月本地革命成功了，各处悬上白旗，写个"汉"字，算是对革命军投了降，革命反正的兵士结队成排在街上巡游，镇守使，道尹，知县，已表示愿意走路，地方一切皆由绅士出面来维持，我爸爸便即刻成为当地要人了。

那时节我哥哥弟弟同两个姊姊，全从苗乡接回来了。家中无数军人来来往往。院子中坐满了人。在一群陌生人中，我发现了那个紫黑脸膛的表哥。他并没有死去，背了一把单刀，朱红牛皮的刀鞘上描着黄金色双龙抢宝的花纹。他正在同别人说那一夜走近城边的情形。我悄悄地告诉他："我过天王庙看犯人掷筊，想知道犯人中有不有你，可见不着。"那表哥说："他们手短了些，捉不着我。现在应当我来打他们了。"当天全城人过天王庙开会时，我爸爸正在台上演说经过，那表哥他当真就爬上台去打了县知事一个嘴巴，使得到会人都笑闹不已，演说也无法继续。

革命使我家中也起了变化，爸爸与一个姓吴的竞选过长沙的会议代表失败，心中十分不平，赌气出门往北京去了。爸爸这一去，直到十二年后当我从湘边下行时，在辰州地方又见过他一面，从此以后便再也见不着了。

我爸爸在竞选失败离开家乡那一年,我最小的一个九妹,刚好出世三个月。

革命后地方不同了一点,绿营制度没有改变多少,屯田制度也没有改变多少。地方有军役的,依然各因等级不同,按月由本人或家中人到营上去领取食粮与碎银,守兵当值的,到时照常上衙门听候差遣。衙门前钟鼓楼每到晚上仍有三五个吹鼓手奏乐。但防军组织分配稍微不同了,军队所用器械不同了,地方官长不同了。县知事换了本地人,镇守使也换了本地人。当兵的每个家中大门边钉了一小牌,载明一切,且各因兵役不同,木牌种类也完全不同。

但革命印象在我记忆中不能忘记的,却只是关于杀戮那几千无辜农民的几幅颜色鲜明的图画。

民三左右地方新式小学成立,民四我进了新式小学。

我上许多课仍然不放下那一本大书

我改进了新式小学后,学校不背诵经书,不随便打人,同时也不必成天坐上桌边,每天不只可以在小院子中玩,互相扭打,先生见及,也不加以约束,七天照例又还有一天放假,因此我不必再逃学了。可是在那学校照例也就什么都不曾学到。每天上课时照例上上,下课时就遵照大的学生指挥,找寻大小相等的人,到操坪中去打架。一出门就是城墙,我们便想法爬上城去,看城外对河的景致。上学散学时,便如同往常一样,常常绕了多远的路,去看看那些木工手艺人新雕的佛像,贴了多少金。看看那些铸钢犁的人,一共出了多少新货。或者什么人家孵了小鸡,也常常不管远近必跑去看看。 到星期日,我在家中写了十六个大字后,就一溜出门,一直到晚,方回家中。

半年后家中母亲相信了一个亲戚的建议,以为应从城内第二初级小学换到城外第一小学,这件事实行后更使我方便快乐。新学校临近高山,校屋前后各处是树,同学又多,当然十分有趣。到这学校我仍然什么也不学得,字也不认多少,可是我倒学会了爬树。几个人一下课就各自检选一株合抱大梧桐树,看谁先爬到顶。我从这方面便认识约三十种树木的名称。因为爬树有时跌下或扭伤了脚,拉破了手,就跟同学去采药,又认识了十来种草药。我开始学会了钓鱼,总是上半天学钓半天鱼。我学会了采笋子,采蕨菜。后山上到春天各处是兰花,各处是可以充饥解渴的刺莓,在竹篁里且有无数雀鸟,我便跟他们认识了许多雀鸟且认识许多果树。去后山约一里左右,又有一个制瓷器的大窑,我们便常常过那里去看人制造一切瓷器,看一块白泥在各样手续下成为一个饭碗,或一件别种用具的情形。

学校环境使我们在校外所学的实在比校内课堂上多十倍,但在学校也学会了一件事,便是各人用刀在座位板下镌雕自己的名字。又因为学校有做手工的白泥,我们却用白泥摹塑教员的肖像,且各为取一怪名。绵羊,耗子,老土地菩萨,还有更古怪的称呼!在这些事情上我的成绩照例比学校功课好一点,但自然不能得到任何奖励。

照情形看来,我已不必逃学,但学校既不严格,四个教员恰恰又有我两个表哥在内,想要到什么地方去时,我便请假。看戏请假,钓鱼请假,甚至于几个人到三里外田坪中去看人割禾,也向老师请假。

那时我家中每年还可收取租谷三百石左右,到秋收时,我便同叔父或其他年长亲戚,往二十里外的乡下去,监视佃夫督促临时雇来的工人割禾。等到田中成熟禾穗已空,新谷装满白木浅缘方桶时便把新谷倾倒到大晒谷簟上来,与佃夫相对平分,其一半应归佃夫所有的,由他们去处置,我们把我家应得那一半,雇人押运回家。在那里最有趣处是可以辨别各种禾苗,认识各种害虫,学习捕捉蚱蜢分别蚱蜢。同时学用鸡笼去罩捕水田中的肥大鲤鱼鲫鱼,把鱼捉来即用黄泥包好塞到热灰里去煨熟分吃。又向佃户家讨小小斗鸡,且认识种类,准备带回家来抱到街上去寻找别人公雏作战。又从小农人处学习抽稻草心织小篓小篮,剥桐木皮作卷筒哨子,用小竹子作唢呐。有时捉得一个刺猬,有时打死一条大蛇,又有时还可跟叔父让佃户带到山中去,把雉媒抛出去,吹唿哨招引野雉,鸟枪里装上一把散碎铁砂同黑色土药,猎取这华丽骄傲的禽鸟。

为了打猎,秋末冬初我们还常常去佃户家。我最欢喜的是猎取野猪同黄麂,看他们下圈,跟着他们乱跑,有一次还被他们捆缚在一株大树高枝上,看他们把受惊的黄麂从树下追赶过去。我又看过猎狐,眼看着一对狡猾野兽在一株大树根下转,到后这东西便变成了我叔父的马褂。

学校既然不必按时上课,其余的时间我们还得想出几件事情来消磨,到下午三点才能散学。几个人爬上城去,坐在大铜炮上看城外风光,一面拾些石头奋力向河中掷去,这是一个办法。另外就是到操场一角砂地上去拿顶翻斤斗,每个人轮流来作这件事,不溜刷的便仿照技术班办法,在那人腰身上缚一条带子,两个人各拉一端,翻斤斗时用力一抬,日子一多,便无人不会翻斤斗了。

因为学校有几个乡下来的同学,身体壮大异常,便有人想出好主意,提议要这些乡下人装成马匹,让较小的同学跨到马背上去,同另一匹马上另一员勇将来作战,在上面扭成一团,直到跌下地后为止。这些作马匹的同学,总照例非常忠厚可靠,在任何情形下皆不卸责。作战总有受伤的,不拘谁人头面有时流血了,就抓一把黄土,将伤口敷上,全不在乎似的。我常常设计把这些人马调度得十分如法,他们服从我的编排,比一匹真马还驯服规矩。

放学时天气若还早一些,几个人不是上城去坐,就常常沿了城墙走去。有时节出城去看看,有谁的柴船无人照料,看明白了这只船的的确确无人时,几人就匆忙跳上了船,很快的向河中心划去。

等一会那船主人来时,若在岸上和和气气地说:

"兄弟,兄弟,你们把船划回来。我得回家!"

遇到这种和平人时,我们也总得十分和气把船划回来,各自跳上了岸,让人家上船回家。若那人性格暴躁点,一见自己小船为一群胡闹的小将把它送到河中打着圈儿转,心中十分忿怒,大声的喊骂,说出许多恐吓无理的野话,那我们便一面回骂着,一面快快的把船向下游流去,尽他叫骂也不管它,到下游时几个人上了岸,就让这船搁在浅滩上不再理会了。有时刚上船坐定,即刻便被船主人赶来,那就得有一分儿担当经验了。船主照例知道我们受不了什么簸荡,抢上船头,把身体故意向左右连续倾侧不已,因此小船就在水面胡乱颠簸,一个无经验的孩子担心身体会掉到水中去,必惊骇得大哭不已。但有了经验的人呢,你估计一下,先看看是不是逃得上岸,若已无可逃避,那就好好的坐在船中,尽那乡下人的磨炼,拚一身衣服给水湿透,你不慌不忙,只稳稳的坐在船中,不必作声告饶,也不必恶声相骂,过一会儿那乡下人看看你胆量不小,知道用这方法吓不了你,他就会让你明白他的行为不过是一种带恶意的玩笑,这玩笑到时应当结束了,必把手叉上腰边,向你微笑,抱歉似的微笑。

"少爷,够了,请你上岸!"

于是几个人便上岸了。有时不凑巧,我们也会为人用小桨竹篙一路追赶着打我们,还一路骂我们,只要逃走远一点点,用什么话骂来,我们照例也就用什么话骂回去,追来时我们又很快的跑去。

那河里有鳜鱼,有鲫鱼,有小鲇鱼,钓鱼的人多向上游一点走去。隔河是一片苗人的菜园,不涨水,从跳石上过河,到菜园里去看花买菜吃的次数也很多。河滩上各处晒满了白布同青菜,每天还有许多妇人背了竹笼来洗衣,用木棒杵在流水中捶打,回声訇訇的从东城墙脚下应出。

天热时,到下午四点以后,满河中都是赤光光的身体。有些军人好事爱玩,还把小孩子、战马、看家的狗、同一群鸭雏,全部都带到河中来。有些人父子数人同来。大家皆在激流清水中游泳,不会游泳的便把裤子泡湿,扎紧了裤管,向水中急急的一兜,捕捉了满满的一裤空气,再用带了捆好,便成了极合用的水马,有了这东西,即或全不会漂浮的人,也能很勇敢的向水深处泅去。到这种人多的地方,照例不会被水淹死的,一出了什么事,大家皆很勇敢的救人。

我们洗澡可常常到上游一点去,那里人既很少,水又极深,对我们才算合式。这件事自然得瞒着家中人。家中照例总为我担忧,惟恐一不小心就会为水淹死。每天下午既无法禁止我出去玩,又知道下午我不会到米厂上去同人赌骰子,那位对于管拘我侦察我十分负责的大哥,照例一到饭后我出门不久,他也总得到城外河边一趟。人多时不能从人丛中发现我,就沿河去注意我的衣服,在每一堆衣服上来一分注意,一见到我的衣服,一句话不说,就拿起来走去,远远的坐到大路上,等候我要穿衣时来同他会面。衣裤既然在他手上,我不能不见他了,到后只好走上岸来,从他手上把衣服取到手,两人沉沉默默的回家,回去不必说什么,只准备一顿打。可是经过两次教训后,我即或仍然在河中洗澡,也就不至于再被家中人发现了。我可以搬些石头把衣压着,只要一看到他从城门洞边大路走来时,必有人告给我,我就快快的泅到河中去,向天仰卧,把全身泡在水中,只浮出一张脸一个鼻孔来,尽岸上那一个搜索也

不会得到什么结果。有些人常常同我在一处,哥哥认得他们,看到了他们时,就唤他们:

"熊澧南,印鉴远,你见我兄弟吗?"

那些同学便故意大声答着:

"我们不知道,你不看看衣服吗?"

"你们不正是成天在一堆胡闹吗?"

"是呀,可是现在谁知道他在那一片天底下?"

"他不在河里吗?"

"你不看看衣服吗? 不数数我们的数目吗?"

这好人便各处望望,果然不见我的衣袴相信我那朋友的答复不是句谎话,于是站在河边欣赏了一阵河中景致,又弯下腰拾起两个放光的贝壳,用他那双常若含泪发愁的艺术家眼睛赏鉴了一下,或坐下来取出速写簿,随意画两张河景的素描,口上嘘嘘打着唿哨,又向原来那条路上走去了。等他走去以后,我们便来模仿我这个可怜的哥哥,互相反复着前后那种答问。"熊澧南,印鉴远,看见我兄弟吗?""不知道,不知道,你自己不看看这里一共有多少衣服吗?""你们成天在一堆!""是呀! 成天在一堆,可是谁知道他现在到那儿去了呢?"于是互相浇起水来,直到另一个逃走方能完事。

有时这好人明知道我在河中,当时虽无法擒捉,回头却常常隐藏在城门边,坐在苗妇人小茅棚里,很有耐心的等待着,等到我十分高兴的从大路上同几个朋友走近身时,他便风快的同一只公猫一样,从那小棚中跃出,一把攫住了我衣领。于是同行的朋友就大嚷大笑,伴送我到家门口,才自行散去,不过这种事也只有三两次,我从经验上既知道这一着棋时,我进城时便常常故意慢一阵,有时且绕了极远的东门回去。

我人既长大了些,权利自然也多些了,在生活方面我的权利便是即或家中明知我下河洗了澡,只要不是当面被捉,家中可不能用爬搔皮肤方法决定我的应否受罚了。同时我的游泳自然也进步多了,我记到我能在河中来去泅过三次,至于那个名叫熊澧南的,却大约能泅过五次。

下河的事若在平常日子,多半是晚饭以后才去。如遇星期日,则常常几人先一大就邀好,过河上游一点棺材潭的地方去,泡一个整天,泅一阵水又摸一会鱼,把鱼从水中石底捉得,就用枯枝在河滩上烧来当点心。有时那一天正当附近十里二十里苗乡场集,就空了两只手跑到那地方去,玩一个半天。到了场上后,过卖牛处看看他们讨论价钱的样子,又过卖猪处看看那些大猪小猪,又到赌场上去看看那些乡下人一只手抖抖的下注,替别人担一阵心。又到卖山货处去,用手摸摸那些豹子老虎的皮毛,且听听他们谈到猎取这野物的种种经验。又到卖鸡处去,欣赏欣赏那些大鸡小鸡,我们皆知道什么鸡战斗时厉害,什么鸡生蛋极多。我们且各自把那些斗鸡毛色记下来,因为这些鸡照例当天全将为城中来的兵士和商人买去,五天以后就会在城中斗鸡场出现。我们间或还可在敞坪中看苗人决斗,用扁担或双刀互相拚命。小河边到了场期,照例来了无数小船,无数竹筏,竹筏上且常常有长眉秀目脸儿极白奶头高肿的青年苗族女人,用绣花大衣袖掩着口笑,使人看来十分舒服。我们来回走二三十里路,各个人两只手既是空空的,因此在场上什么也不能吃。间或谁一个人身上有一两枚铜元,就到卖狗肉摊边去割一块狗肉,蘸些咸水,平均分来吃吃。或者无意中谁一个在人丛中碰着了一位亲长,被问道:"吃过点心吗?"大家正饿着,互相望了会儿,羞羞怯怯的一笑。那人知道情形了,便说:"这成吗?不喝一杯还算赶场吗?"到后自然就被拉到狗肉摊边去,切一斤两斤肥狗肉,分割成几大块,各人来那么一块,蘸了盐水往嘴上送。

机会不好不曾碰到这么一个慷慨的亲戚,我们也依然不会瘪着肚皮回家。沿路有无数人家的桃树李树,果实全把树枝压得弯弯的,等待我们去为它们减除一分担负!还有多少黄泥田里,红萝卜大得如小猪头,没有我们去吃它,赞美它,便始终委屈在那深土里!除此以外路塍上无处不是莓类同野生樱桃,大道旁无处不是甜滋滋的枇杷,无处不可得到充饥果腹的东西。口渴时无处不可以随意低下头去喝水。即或任何东西没得吃,我们还是十分高兴,就为的是乡场中那一派空气,一阵声音,一分颜色,以及在每一处每一项生意人身上发出那一股臭味,就够使我们觉得满意!我们用各样官能吃了那么多东西,即使不再用口来吃喝也很够了。

到场上去我们还可以看各样水碾水碓,并各种形式的水车。我们必得经过好几个榨油坊,远远的就可以听到油坊中打油人唱歌的声音。一过油坊时便跑进去,看看那些堆积如山的桐子,经过些什么手续才能出油。我们只要稍稍绕一点路,还可以从一个造纸工作场过身,在那里可以看他们利用水力捣碎稻草同竹筱;用细篾帘子勾取纸浆作纸。我们又必需从一些造船的河滩上过身,有万千机会看到那些造船工匠在太阳下安置一只小船的龙骨,或把粗麻头同桐油石灰嵌进缝罅里补治旧船。

总而言之,这样玩一次,就只一次,也似乎比读半年书还有益处。若把一本好书同这种好地方尽我检选一种,直到如今我还觉得不必看这本用文字写成的小书,却应当去读那本用人事写成的大书。

我不明白我为什么就学会了赌骰子,大约还是因为每早上买菜,总可剩下三五个小钱,让我有机会傍近用骰子赌输赢的糕类摊上面,起始当三五个人蹲到那些戏楼下,把三粒骰子或四粒骰子或六粒骰子抓到手中,奋力向大土碗掷去,跟着它的变化喊出种种专门名词时,我真忘了自己也忘了一切。那富于变化的六骰子赌,七十二种"快""臭",一眼间我皆能很得体的喊出它的得失。谁也不能在我面前占去便宜,谁也骗不了我。自从精明这一项事情以后,我家里这一早上若派我出去买菜,我就把买菜的钱去作注,同一群小无赖在一个有天棚的米厂上玩骰子,赢了钱自然全部买东西吃,若不凑巧全输掉时,就跑回来悄悄的进门找寻外祖母,从她手中把买菜的钱得到。

但这是件冒险的事,家中知道后可得痛打一顿,因此赌虽然赌,总只下一个铜子的注,赢了拿钱走去。输了也不再来,把菜少买一些,总可敷衍下去。

由于赌术精明我不大担心我输赢。我倒最希望玩个半天结果无输无赢。我所担心的只是正玩得十分高兴,忽然后领一下子为一只强硬有力的手攫定,一个哑哑的声音在我耳边响着:

"这一下捉到你了,这一下捉到你了!"

先是一惊。想挣扎可不成。既然捉定了,不必回头,我就明白我被谁捉到,且不必猜想,我就知道我回家去应受些什么款待,于是提了菜篮让这个仿佛生下来给我作对的人把我揪回去。这样过街可真无脸面,因此不是请求他放和平点抓着我一只手,总是在他不着意的情形下,忽然挣脱先行跑回家去,准备他回来时受罚。

每次在这件事上我受的罚都似乎略略过分了些,总是把一条绣花的白腰带缚定两手,系在空谷仓里,用鞭子打几十下,上半天不许吃饭,或是整天不许吃饭。亲戚中看到觉得十分可怜,便以为哥哥不应当这样虐待弟弟。但这样不顾脸面的去同一些乞丐赌博,给了家中多少气恼,我是不知道的。

我从那方面学会了些下等野话,在亲戚中身份似乎也就低了些。只是当十五年后,我能够用我各方面的经验写点故事时,这些粗话野话,却给了我许多帮助,增加了故事中人物的生命。

革命后本地设了女学校,我两个姊姊皆被送过女学校读书。我那时也欢喜过女学校去玩,就因为那地方有些新奇的东西。学校外边一点,有个做小鞭炮的作坊,从起始用一根细钢条,卷上了纸,送到木机上一搓,吱的一声就成了空心的小管子,再如何经过些什么手续,便成了燃放时巴的一声的小爆仗,被我看得十分熟习。我借故去瞧姊姊时总在那里看他们工作。我还可看他们烘焙火药,碓舂木炭,筛硫磺,配合火药的原料,因此明白制烟火用的药同制爆仗用的药,硝磺的分配分量如何不同。

一到女学校时,我必跑到长廊下去,欣赏那些平时不易见到的织布机器。那些机器钢齿轮互相衔接,一动它时全部皆转动起来,且发出一种异样陌生的声音,听来我总十分欢喜。我平时是个怕鬼的人,但为了欣赏这些机器,黄昏中我还敢在这儿逗留,直到她们大声呼喊各处找寻时,我才从廊下跑出。

当我转入高小那年,正是民国六年,我们那地方为了上年受蔡锷讨袁战事的刺激,感觉军队非改革不能自存,因此本地镇守署方面,设了一个军官团,前为道尹后改屯务处方面,也设了一个将弁学校。另外还有一个教练兵士的学兵营,一个教导队。小小的城里多了四个军事学校,一切皆用较新方式训练,地方因此气象一新。由于常常可以见到这类青年学生结队成排在街上走过,本地的小孩,以及一些小商人,皆觉得学军事较有意思。有人与军官团一个教官作邻居的,要他在饭后课余教教小孩子,先在大街上操,到后却借了附近的军官团操场使用,顷刻之间便招集了一百人左右。

有同学在里面受过训练来的,精神比起别人来特别强悍,我们觉得奇怪。这同学就告我们一切,且问我愿不愿意去。并告我到里面后,每两月可以考选一次,配吃一分口粮,作守兵的,就可以补上名额当兵。在我生长那个地方,当兵不是耻辱。本地的光荣原本是从过去无数男子的勇敢搏来的。谁都希望当兵,因为这是年轻人一条出路,也正是年轻人唯一的出路。同学说及进技术班时,我就答应试来问问我的母亲,看看母亲的意见,这将军的后人,是不是仍然得从步卒出身。

那时节我哥哥已过热河找寻父亲去了,我因不受拘束,生活已日益放肆,母亲正想不出处置我的方法,因此一来,将军后人就决定去作兵役的候补者了。

预备兵的技术班

家中听说我一到那边去,既有机会考一分口粮,且明白里面规矩极严,以为把我放进去受预备兵的训练,实在比让我在外面撒野较好。即或在学校免不了有从天桥掉下的危险,但有人亲眼看到掉下来,总比无人照料,到那些空山里从高崖上摔下为好,因此当时便答应了。

我把这消息告给学校那个梁班长时,军衣还不曾缝好,他就带我去见了一次教官。我第一次见到那个挺着胸脯的人,实在有点害怕,但我却因为听说他的杠杆技术曾经得过全省锦标,能够在天桥上竖蜻蜓用手来回走四次,又能在杠杆上打大车轮至四十来次,简直是个新式徐良,因此虽畏惧他却也欢喜他。

这教官给我第一次印象不坏,并且此后的印象也十分好,他对于我似乎也很满意。先看我人那么小,排队总在最后一名,在操场中作"跑步"时便把我剔出,到"正步走""向后转"走时,我的步子较小一点,又想法让我不吃亏。但经过十天后,我的能力和勇敢,就得到他完全的承认,做任何事应当大家去作的,我头上也总派到一分了。

我很感谢那教官,由于他那分严厉,逼迫我学会了一种攀杠杆的技术,到后来还用这点技术救过我自己一次生命的危险。我身体到后在军队中去混了那么久,那一次重重的伤寒病四十天的高热,居然能够支持下来,未必不靠从技术班训练好的一个结实体格所帮助。我的性格方面永远保持到一点坚实军人的风味,不管作什么总去作,不大关心成败,似乎也就是那将近一年的训练养成的。

我进到了那军役补习组后,方知道原来在学校作班长的梁凤生,在技术班也还是我们的班长。我在里面得他的帮助可不少。一进去时的单人教练,他就作了我的教师,当每人到小操场的砂地上学习打斤斗时,用腰带束了我的腰,两个人各用手紧紧的抓着那根带子,好在我正当把两只手垫到地面,想把身体翻过去再一下挺起时,他就赶忙用手一拉,使我不要扭坏腰腿。有时我攀上杠杆,用膀子向后反挂,预备来一次背车,在旁小心照料的也总是他。有时我不小心摔到砂地上,跌哑了喉,想说话无论如何怎样用力再也说不出口,一为他见及,就赶忙搀起我来,扶着我乱跑,必得跑过好一阵,我口方说得出话。

这人在学校书既读得极好,每次考试总得第一,过技术班来成绩也非常好。母亲是一个寡妇,守着三个儿子,替人缝点衣服过日子。这同学散操以后,便跑回去,把那个装了无数甘蔗,业已分配得上好的篮子,提上街到各处去卖,把甘蔗卖完便赚回三五十个小钱。可是这人虽然为了三五十个钱,每个晚上皆得大街小巷的走去,倘在任何地方一遇到同学好友时,总一句话不说,走到你身边来,把二节值十文一段的甘蔗,忽然一下塞到你的手里,风快的就跑掉了。我遇到他这样两次,心中真感动得厉害。我并不想那甘蔗吃,却因为他那种慷慨大方处,白日见他时简直使我十分害羞。

这朋友虽待得我很好,可是在学校方面,我最好的一个同学却是个姓陈的。在技术班方面,好朋友也姓陈,名继瑛。这个陈继瑛家只隔我家五户,他每天同我一把晚饭吃过后,就各人穿了灰布军服,在街上气昂昂的并排走出城去。每出城到门洞边时,卖牛肉的屠户,正在收拾他的业务,总故意逗我们,喊叫我们作"排长"。一个守城的老兵也总故意做一个鬼脸,说两句无害于事的玩笑话。两人心中以为这是小事,我们上学的原因,为的是将来做大事,这些小处当然用不着关心。

当时我们所想的实在与这类事不同,他只打量作团长,我就只想进陆军大学。即或我爸爸希望作一将军终生也作不到,但他把祖父那一分光荣,用许多甜甜的故事输入到这荒唐顽皮的小脑子里后,却引起了很大的影响。书本既不是我所关心的东西,国家又革了命,我知道中状元已无可希望,却俨然有一个将军的志气。家中别的什么教育都不给我,所给的也恰恰是我此后无多大用处的。可是爸爸给我的教育,却对于我此后生活的转变,以及在那个不利于我读书的生活中支持,真有很大的益处。体魄不甚健实的我,全得爸爸给我那分骄傲,使我在任何困难情形中总不气馁,任何得意生活中总不自骄,比给我任何数目的财产,也似乎更可贵重。

当营上的守兵有了几名缺额,我们那一组应当分配一名时,我照例去考过一次,考试的结果当然失败。但我总算把各种技术演习了那么一下。也在小操场杠杆上做挂腿上、翻上,再来了十个背车。又蹲了一次木马,走了一度天桥,且从平台上拿了一个大顶,再丢手侧身倒掷而下。又在大操场指挥一个小队,作正步,跑步,跪下,卧下,种种口令,完事时还跑到阅兵官面前用急促的声音完成一种报告。操演时因为有镇守使同许多军官在场,临事虽不免有点慌张,但一切举动做得还不坏,不跌倒,不吃砂,不错误手续。

且想想,我那时还是一个十三岁半的孩子!这次结果守兵名额虽然被一位美术学校的学生田大哥得去了,大家却不难过。(这人在我们班里作了许久大队长,各样皆十分来得。这人若当时机会许可他到任何大学去读书,一定也可做个最出色的大学生。若机会许可他上外国去学艺术,在绘画方面的成就,会成一颗放光的星子。可是到后来机会委屈了他,坏境限止了他,自己那点自足骄傲脾气也妨碍了他,十年后跑了半个中国,还是在一个少校闲曹的位置上打发日月。)当时各人虽没有得到当兵的荣耀,全体却十分快乐。我记得那天回转家里时,家中人问及一切,竟对我亲切的笑了许久。且因为我得到过军部的奖语,仿佛便以为我未来必有一天可做将军,为了欢迎这未来将军起见,第二天杀了一只鸡,鸡肝鸡头全为我独占。

第二回又考试过一次,那守兵的缺额却为一个姓舒的小孩子占去了,这人年龄和我不相上下,各种技术皆不如我,可是却有一分独特的胆量,能很勇敢的在一个两丈余高的天桥上,翻倒斤斗掷下,落地时身子还能站立,因此大家仍无话说。这小孩子到后两年却害热病死了。

第三次的兵役给了一个名"田棒捶"的,能跳高,撑篙跳会考时第一,这人后来当兵出防到外县去,也因事死掉了。

我在那里考过三次,得失之间倒不怎么使家中失望。家中人眼看着我每天能够把军服穿得整整齐齐的过军官团上操,且明白了许多军人礼节,似乎上了正路,待我也好了许多。可是技术班全部组织,差不多皆为那教官一人所主持,全部精神也差不多全得那教官一人所提起,就由于那点稀有精神,使那位镇守使看中了意,当他卫队团的营副出了缺时,我们那教官便被调去了。教官一去,学校也自然无形解散了。

这次训练算来大约是八个月左右,因为起始在吃月饼的八月,退伍是开桃花的三月。我记得那天散操回家,我还在一个菜园里摘了一大把桃花。

那年我死了一个第二的姊姊,她比我大两岁,美丽,骄傲,聪明,大胆,在一行九个兄弟姊妹中,这姊姊比任何一个都强过一等。她的死也就死在那分要好使强的性格上。

一个老战兵

当时在补充兵的意义下,每日受军事训练的,本城计分二组,我所属的一组为城外军官团陈姓教官办的,那时说来似乎高贵一些。另一组在城里镇守使衙门,归镇守使署卫队杜连长主持,名分上便较差些。这两处皆用新式入伍训练。还有一处归我本街一个老战兵滕四叔所主持,用的是旧式教练。新式教练看来虽十分合用,钢铁的纪律把每个人皆造就得自重强毅,但实在说来真无趣味。且想想,一群小孩子,最大的不过十七岁,较小的还只十二岁,一下操场总是两点钟,一个跑步总是三十分钟,姿势稍有不合就是当胸一拳,服装稍有疏忽就是一巴掌。盘杠杆,从平台上拿顶,向木马上扑过,一下子掼到地上时,哼也不许哼一声儿。过天桥时还得双眼向前平视,来回作正步通过,野外演习时,不管是水是泥喊卧下就得卧下,这规矩真不大同本地小孩性格相宜。可是旧式的那一组,他们却太潇洒了。他们学的是翻斤斗,打藤牌,舞长稍,耍齐眉棍。我们穿一色到底的灰衣,他们却穿各色各样花衣。他们有描花皮类的方盾牌,藤类编成的圆盾牌,有弓箭,有标枪,有各种华丽悦目的武器。他们或单独学习,或成对厮打,各人可各照自己意见去选择。他们常常是一人手持盾牌单刀,一人使关刀或戈矛,照规矩练"大刀取耳""单戈破牌"或其他有趣厮杀题目。两人一面厮打一面大声喊"砍""杀""摔""坐",应当归谁翻一个斤斗时,另一个就用敏捷的姿势退后一步,让出个小小地位,应当归谁败下时,战败的跌倒时也有一定的章法,做得又雅致又活泼。作教师的在身旁指点,稍有了些错误,自己就占据到那个地位上去示范,为他们纠正错误。

这教师就是个奇人趣人,不拘向任何一方翻斤斗时,毫不用力,只需把头一偏,即刻就可以将身体在空中打一个转折。他又会爬树,极高的桅子,顷刻之间就可上去。他又会拿顶,在城墙雉堞上,在城楼上,在高桅半空棋枓上,无地无处不可以身体倒竖把手当成双脚,来支持很久的时间。他又会泅水。任何深处皆可以一篙子到底,任何深处皆可泅去。他又会摸鱼,钓鱼,叉鱼,有鱼的地方他就可以得鱼。他又明医术,谁跌碰伤了手脚时,随手采几样路边草药,捣碎敷上,就可包好。他又善于养鸡养鸭,大门前常有许多高贵种类的斗鸡。他又会种花,会接果树,会用泥土捏塑人像。

这旧式的一组能够存在,且居然能够集收许多子弟,实在说来,就全为的是这个教练的奇材异能。他虽同那么一大堆小孩子成天在一处过日子,却从不拿谁一个钱,也从不要公家津贴一个钱,他只属于中营的一个老战兵,他作这件事也只因为他欢喜同小孩子在一处。全城人皆喊他为"滕师傅",他却的的确确不委屈这一个称呼。他样样来得懂得,并且无一事不精明在行,你要骗他可不成,你要打他你打不过他。最难得处就是他比谁都和气,比谁都公道。但由于他是一个不识字的老战兵,见"额外""守备"这一类小官时,也得谦谦和和的喊一声"总爷",同时他不单教小孩子打拳,有时还鼓励小孩子打架,他不只教他们摆阵,甚至于还教他们洗澡赌博,因此家中有规矩点的小孩,却不大到他这里来,到他身边来的,多数是些寒微人家子弟。

他家里藏了漆朱红花纹的牛皮盾牌,带红缨的标枪,镀银的方天画戟,白檀木的齐眉棍。他家中有无数的武器,同时也有无数的玩具;有锣,有鼓,有笛子胡琴,渔鼓简板,骨牌纸牌,无不齐全。大白天,家中照例常常有人唱戏打牌,如同一个聚乐部。到了应当练习武艺时,弟子儿郎们便各自扛了武器到操坪去。天气炎热不练武,吃过饭后就带领一群小孩,并一笼雏鸭,拿了光致致的小鱼叉,一同出城下河去教练小孩子泅水,且用极优美姿势钻进深水中去摸鱼。

在我们新式操练两组里,谁犯了事,不问年龄大小,不是当胸一拳,就是罚半点钟立正,或一个人独自绕操场跑步一点钟。可是在他们这方面,就不作兴这类苛刻处罚。一提到处罚,他们就嘲笑这是种"洋办法",事情由他们看来十分好笑。至于他们的错误,改正错误的,却总是那师傅来一个示范的典雅动作,相伴一个微笑。犯了事,应该处罚,也总不外是罚他泅过河一次,或类似有趣味的待遇,在处罚中即包含另一种行为的奖励。我们敬畏老师,一见教官时就严肃了许多,也拘束了许多。他们则爱他的师傅,一近身时就潇洒快乐了许多。我们那两组学到后来得学打靶,白刃战的练习,终点是学科中的艰深道理,射击学,筑城学,以及种种不顺耳与普通生活无关系的名词。他们学到后来却是驰马射箭,再多学些便学摆阵,人穿了五彩衣服,扛了武器和旗帜,各自随方位调动,随金鼓声进退。我们永远是枯燥的,把人弄呆板起来,对生命不流动,他们却自始至终使人活泼而有趣味,学习本身同游戏就无法分开。

本地武备补充训练既分三处,当时从学的,最合于事实的希望,大部只盼得一个守兵的名额。我们新式操练成绩虽不坏,可是有守兵出缺实行考试时,还依然让那老战兵所教练的旧式一组得去名额最多。即到十六年后的现在,从三处出身的军官,精明,能干,勇敢,负责,也仍然是一个从他那儿受过基础教育的张姓团长,最在行出色。

当时我同那老战兵既同住一条街上,家中间或有了什么小事,还得常常请他帮点忙。譬如要点药,或做点别的事,总少不了他。可是家中却不许我跟这战兵在一处,还是要我扛了一枝长长的青竹子,出城过军官团去学习撑篙跳,让班长用拳头打胸脯,大约就为的是担心我跟这样俗气的人把习惯弄坏。但家中却料不到十来年后,在军队中好几次危险,我用来自救救人的知识,便差不多全是从那老战兵学来的!

在我那地方,学识方面使我敬重的是我一个姨父,带兵方面使我敬重的是本地一个统领官,做人最美技能最多,使我觉得他富于人性十分可爱的,是这个老战兵。

家中对于我的放荡既缺少任何有效方法来纠正,家中正为外出的爸爸卖去了大部分不动产,还了几笔较大的债务,景况一天比一天坏下去。加之二姊死去。因此母亲看开了些,以为与其让我在家中堕入下流,不如打发我到世界上去学习生存。在各样机会上去做人,在各种生活上去得到知识与教训。当我母亲那么打算了一下,决定了要让我走出家庭到广大社会中去竞争生存时,就去向一个杨姓军官谈及,便得到了那方面的许可,应允尽我用补充兵的名义,同过辰州驻防。我自己还正好泡在河水里,试验我从那老战兵学来的沉入水底以后的耐久力,与仰卧水面的上浮力。这天正是七月十五中元节,我记得分明,到河边还为的是拿了些纸钱同水酒白肉奠祭河鬼,照习俗这一天谁也不敢落水,河中清静异常。纸钱烧过后,却把酒倒到水中去,把肉吃尽,脱了衣袴,独自一人在清清的河水中拍浮了约两点钟左右。

七月十六日那天早上,我就背了小小包袱,离开了本县学校,开始混进一个更广泛的学校了。

辰　州[1]

离开了家中的亲人，向什么地方去，到那地方去又做些什么，将来便有些什么希望，我一点儿也不知道。我还只是十四岁稍多点一个孩子，这分年龄似乎还不许可我注意到与家中人分离的痛苦。我又那么欢喜看一切新奇东西，听一切新奇声响，且那么渴慕自由，所以初初离开本乡时，深觉得无量快乐。

可是一上路却有点忧愁了。同时上路的约三百人，我没有一个熟人。我身体既那么小，背上的包袱却似乎比本身还大。到处是陌生面孔，我不知道日里同谁吃饭，且不知道晚上同谁睡觉。听说当天得走六十里路，才可到有大河通船舶的地方，再坐船向下行。这么一段长路照我过去经验说来，还不知道是不是走得到。家中人担心我会受寒，在包袱中放了过多的衣服，想不到我还没享受这些衣服的好处以前，先就被这些衣服累坏了。

尤其使我吓怕的，便是那些坐在轿子里的几个女孩子，和骑在白马上几个长官，这些人我全认得他们，他们已仿佛不再认识我。由于身分的自觉，当无意中他们轿马同我走近时，我实在又害怕又羞怯。为了逃避这些人的注意，我就同几个差弁模样的年轻人，跟

---

[1] 即沅陵。

在一伙脚夫后面走去。后来一个脚夫看我背上包袱太大了一点，人可太小了一点，便许可我把包袱搭到他较轻的一头去。我同时又与一个中年差遣谈了话，原来这人是我叔叔一个同学。既有了熟人，又双手洒脱的走空路，毫不疲倦的，黄昏以前我们便到了一个名叫高村的大江边了。

一排篷船泊定在水边，大约有二十余只，其中一只较大的还悬了一面红绸帅字旗。各个船头上全是兵士，各人皆在寻觅着指定的船。那差遣已同我离开了，我便一个人背了那个大包袱，怯怯的站到岸上，随后向一只船旁冲去，轻轻的问："有地方吗？大爷。"那些人总说："满了，你自己看，全满了！你是第几队的？"我自己就不知道自己应分在第几队，也不知道去问谁。有些没有兵士的船看来仿佛较空的，他们要我过去问问，又总因为船头上站得有穿长衣的师爷参谋，他们的神气我实害怕，不敢冒险过去问问。

天气看看渐渐的夜了下来，有些人已经在船头烧火煮饭，有些人已蹲着吃饭，我却坐在岸边大石上，发呆发愁，想不出什么办法。那时阔阔的江面，已布满了薄雾，有野鹜鸂鶒之类接翅在水面向对河飞去，天边剩余一抹深紫。见到这些新奇光景，小小心中来了一分无言的哀戚，自己便微笑着，揉着为长途折磨坏了的两只脚。

一会儿又看见个差遣，差遣也看到我了。

"啊，你这个人，怎么不上船呀？"

"船上全满了，没有地方可上去的。"

"船上全满了，你说！你那么拳头大的小孩子，放大方点，什么地方不可以佥进去。来，来，我的老弟，这里有的是空地方！"

我见了熟人高兴极了。听他一说我就跟了他到那只船上去，原来这还是一只空船！不过这船舱里舱板也没有，上面铺的只是一些稀稀的竹格子,船摇动时就听到舱底积水汤汤的流,到夜里怎么睡觉?正想同那差遣说我们再去找找看,是不是别的地方当真还可照他用的那个粗俚字眼夯进去,一群留在后边一点本军担荷篷帐的伕子赶来了,我们担心一走开,回头再找寻这样一个船舱也不容易,因此就同这些伕子挤得紧紧的住下来。到吃饭时有人各船上来喊叫,因为取饭的原因,我却碰到了一个军械处的熟人,我于是换了一个船,到军械船上住下,一会儿便异常舒服的睡熟了。

船上所见无一事不使我觉得新奇,二十四只大船有时衔尾下滩,有时疏散散浮到那平潭里,两岸时时刻刻在一种变化中,把小小的村落,广大的竹林,黑色的悬崖,一一收入眼底。预备吃饭时,长潭中各把船只任意溜去,那分从容那分愉快处,实在感动了我。摇橹时满江浮荡着歌声。我就看这些,听这些,把家中人暂时完全忘掉了。四天以后,我们的船编成一长排,停泊在辰州城下的河岸边。

又过了两天,我们已驻扎在总爷巷一个旧衙门里,一分新的日子便开始了。

墙壁各处是膏药,地下各处是瓦片同乱草;草中留下成堆黑色的粪便,这就是我第一次进衙门的印象。于是轮到了我们来着手扫除了,作这件事的共计二十人,我便是其中一个。大家各在一种异常快乐情形下,手脚并用整整工作了一个日子,居然全部弄清爽了。庶务处又送来了草荐同木板,因此在地面垫上了砖头,把木板平铺上去,摊开了新作的草荐,一百个人便一同躺到这草荐上,把第一个夜晚打发走了。

到地后,各人应当有各人的事,作补充兵的,只需要大清早起来操跑步,操完跑步就单人教练,把手肘向后抱着,独自在一块地面上,把两只脚依口令起落,学慢步走。下午无事可作,便躺在草荐上唱"大将南征"的军歌。每个人皆结实单纯,年纪大的约二十二岁,年纪小的只十三岁,睡硬板子的床,吃粗粝陈久的米饭,却在一种沉默中活着下来。我从本城技术班学来那分军事知识,很有好处,使我为日不多就做了班长。

直到现在我还不明白为什么当时有些兵士不能随便外出,有些人又可自由出入。照我想来则大约系城里人可以外出,乡下人可以外出却不敢外出。

我记得我的出门是不受任何限制的,但每早上操过跑步时,总得听苗人吴姓连长演说:"我们军人,原是卫国保民。初到这来客军极多,一切要顾脸面。外出时节制服应当整齐,扣子扣齐,腰带弄紧,裹腿缠好。胡来乱为的,要打屁股。"说到这里时,于是复大声说:"听到了么?"大家便说:"听到了。"既然答应全已听到,就散开了。当时因犯事被按在石地上打板子的,就只有营中火夫,兵士却因为从小地方开来,十分怕事,谁也不敢犯罪,不作兴挨打。

我很满意那个街上,一上街触目皆十分新奇。我最欢喜的是河街,那里使人惊心动魄的是有无数小铺子,卖船缆,硬木琢成的活车,小鱼篓,小刀,火镰,烟嘴。满地皆是有趣味的物件。我每次总去蹲到那里看一个半天,同个绅士守在古董旁边一样恋恋不舍。

城门洞里有一个卖汤圆的,常常有兵士坐在那卖汤圆人的长凳上,把热热的汤圆向嘴上送去,间或有一个本营里官佐过身,得照规矩行礼时,便一面赶忙放下那个土花碗,把手举起,站起身来含含胡胡的喊"敬礼"。那军官见到这种情形,有时也总忍不住微笑。这件事碰头最多的还是我,我每天总得在那里吃一回汤圆,或坐下来看过往行路人!

我又常常同那团长看马的张姓马夫,牵马到朝阳门外大坪里去放马,把长长的缰绳另一端那个檀木钉,钉固在草坪上,尽马各处走去,我们就躺到草地上晒太阳,说说各人所见过的大蛇大鱼。又或走近教会中学的城边去,爬上城墙,看看那些中学生打球。又或过有树林处去,各自选定一株光皮梧桐,用草揉软作成一个圈套,挂在脚上,各人爬到高处桠枝上坐坐,故意把树摇荡一阵。

营里有三个小号兵同我十分熟习,每天他们必到城墙上去吹号,过城外河坝去吹号,我便跟他们去玩。有时我们还爬到各处墙头上去吹号,我不吹号却能打鼓。

我们的功课固定不变的,就只是每天早上的跑步。跑步的用处是在追人还是在逃亡,谁也不很分明。照例起床号吹过不久就吹点名号,一点完名跟着下操坪,到操场里就只是跑步。完事后,大家一窝蜂子向厨房跑去,那时节豆芽菜一定已在大锅中沸了许久,大甑笼里的糙米饭也快好了。

我们每天吃的总是豆芽菜汤同糙米饭,每到礼拜天那天,每人就吃一次肉,各人名下有一块肥猪肉,分量四两,是从豆芽汤中煮熟后再捞出的。

到后我们把枪领来了。

除了跑步无事可作,大家就只好在太阳下擦枪,用一根细绳子缚上一些布条,从枪膛穿过,绳子两端各缚定在廊柱上,于是把枪一往一来的拖动。那时候的枪名有下列数种,单响,九子,五子;单响分广式,猪槽两种,五响分小口紧,双筒,单筒,拉筒,盖板五种。也有说"日本春田""德国盖板"的,但不通俗。兵士只知道这种名称。填写枪械表时也照这样写上。

我们既编入支队司令的卫队,除了司令官有时出门拜客,选派二十三十护卫外,无其他服务机会。某一次保护这生有连鬓胡子的司令官过某处祝寿,我得过五毛钱的奖赏,算是我最先一次得到国家的钱。

那时节辰州地方组织了一个湘西政府。驻扎了三个部队,军人首脑其一为军政长凤凰人田应诏,其一为民政长芷江人张学济,另外一个却是黔军旅长后来回黔作了省长的卢焘,与之对抗的是驻兵常德身充旅长的冯玉祥。这一边军队既不向下取攻势,那一边也不敢向上取攻势,各人就只保持原有地盘,等待其他机会。

单是湘西一隅,除客军一混成旅外,集中约十万人。我们部队是游击第一支队,属于靖国联军第二军,归张学济管辖。全辰州地方约五千家户口,各部分兵士大致就有两万。当时军队虽十分庞杂,各军联合组织得有宪兵稽察处,故还不至于互相战争。不过当时发行钞票过多,每天兑现时必有小孩同妇人被践踏死去。每天给领军米,各地方部队为争夺先后,互相殴打伤人,在那时也极平常。

一次军事会议的结果,上游各县重新作了一度分配,划定若干防区,军队除必需一部分沿河驻扎防卫下游侵袭外,其余照指定各县城驻防清乡。由于特殊原因,第一支队派定了开过那总司令官的家乡芷江去剿匪。

清乡所见

据传说快要清乡去了,大家莫不喜形于色。开差时每人发了一块现洋钱,我便把钱换成铜元,买了三双草鞋,一条面巾,一把名为"黄鳝尾"的小尖刀,刀靶还缚了一片绸子,刀鞘还是朱红漆就的。我最快乐的就是有了这样一把刀子,似乎一有了刀子可不愁什么了。我于是仿照那苗人连长的办法,把刀插到裹腿上去,得意扬扬的到城门边吃了一碗汤圆,说了一阵闲话,过两天便离开辰州了。

我们队伍共约两团,先是坐小船上行,大约走了七天,到我第一次出门无法上船的地方,再从旱路又走三天,便到了沅州所属的东乡榆树湾[①]。这一次我们既然是奉命来到这里清乡,因此沿路每每到达一个寨堡时,就享受那堡中有钱地主用蒸鹅肥腊肉的款待,但在山中小路上,却受了当地人无数冷枪的袭击。有一次当我们从两个长满小竹的山谷狭径中通过时,拍的一声枪响,我们便倒下了一个。听到了枪声,见到了死人,再去搜索那些竹林时,却毫无什么结果。于是把枪械从死去的身上卸下,砍了两根大竹子缚好,把他抬着,一行人又上路了。二天路程中我们部队又死去了两

---

① 今属怀化市所辖。

个,但到后我们却杀了那地方人将近两千。

到地后我们便与清乡司令部一同驻扎在天后宫楼上。一到第二天,各处团总来见司令供办给养时,同时就用绳子缚来四十三个老实乡下人,当夜过了一次堂,每人照呈案的罪名询问了几句,各人按罪名轻重先来一顿板子,一顿夹棍,有二十七个在刑罚中画了供,用墨涂在手掌上取了手模,第二天,我们就簇拥了这二十七个乡下人到市外田坪里把头砍了。

第一次杀了将近三十个人,第二次又杀了五个。从此来就成天捉人,把人从各处捉来时,认罪时便写上了甘结,承认缴纳清乡子弹若干排,或某种大枪一支,再行取保释放。无力缴纳捐款,或仇家乡绅方面业已花了些钱运动必需杀头的,就随随便便列上一款罪案,一到相当时日,牵出市外砍掉。认罪了的虽名为缴出枪械子弹,其实则无枪无弹,照例作价折钱,枪每枝折合一百八十元,子弹每排一元五角,多数是把现钱派人挑来。钱一送到,军需同副官点验数目不错后,当时就可取保放人。

关于杀人的纪录日有所增,我们却不必出去捉人,照例一切人犯大多数由各乡区团总地主送来。我们有时也派人把团总捉来,罚他一笔钱又再放他回家。地方人民既非常蛮悍,民三左右时一个黄姓的辰沅道尹,在那里杀了约两千人,民六黔军司令王晓珊,在那里又杀了三千左右,现时轮到我们的军队作这种事,前后不过杀一千人罢了!

那地方上行去沅州县城约九十里,下行去黔阳县城约六十里。一条河水上溯可至黔省的玉屏,下行经过湘西重要商埠的洪江可到辰州。

那地方照例五天一集,到了这一天便有猪牛肉和其他东西可买。我们用钱雇来的本地侦探,且常常到市集热闹人丛中去,指定了谁是土匪处派来的奸细,于是捉回营里去一加搜查,搜出了一些暗号,认定他是从土匪方面派来的探事奸细时,即刻就牵出营门,到那些乡下人往来最多的桥头上,把奸细头砍下来,在地面流一滩腥血。人杀过后,大家欣赏一会儿,或用脚踢那死尸两下,踹踹他的肚子,仿佛做完了一件正经工作,有别的事情的,便散开做事去了。

住在这地方共计四个月,有两件事在我记忆中不能忘去,其一是当场集时,常常可以看到两个乡下人因仇决斗,用同一分量同一形色的刀互砍,直到一人躺下为止,我看过这种决斗两次,他们方法似乎比我那地方所有的决斗还公平。另外一件是个商会会长年纪极轻的女儿,得病死去埋葬后,当夜便被本街一个卖豆腐的年轻男子,从坟墓里挖出,背到山洞中去睡了三天,方又送回坟墓去。到后来这事为人发觉时,这打豆腐的男子,便押解过我们衙门来,随即就地正法了。临刑稍前一时,他头脑还清清楚楚,毫不胡涂,也不嚷吃嚷喝,也不乱骂,只沉默的注意到自己一只受伤的脚踝。我问他:"脚被谁打伤的?"他把头摇摇,仿佛记起一件极可笑的事情,微笑了一会,轻轻的说:"那天落雨,我送她回去,我也差点儿滚到棺材里去了。"我又问他:"为什么你做这件事?"他依然微笑,向我望了一眼,好像当我是个小孩子,不会明白什么是爱的神气,不理会我,但过了一会,又自言自语的轻轻的说:"美得很,美得很。"另一个兵士就说:"疯子,要杀你了,你怕不怕?"他就说:"这有什么可怕的。你怕死吗?"那兵士被反问后有点害羞了,就大声恐吓他说:"癫狗肏的,你不怕死吗?等一会儿就要杀你这癫子的头!"那男子于是又柔弱的笑笑,便不作声了。那微笑好像在说:

"不知道谁是癫子。"我记得这个微笑,十余年来在我印象中还异常明朗。

怀 化 镇

四个月后我们移防到另一个地名怀化的小乡镇住下。这地方给我的印象,影响我的感情极其深切。这地方一切,在我《从文子集》①里一篇题作《我的教育》的记载里,说得还算详细。我到了这个地方,因为勉强可以写几个字,那时填造枪械表正需要一些写字的人,有机会把生活改变了一个方式,因此在那领饷清册上,我便成为上士司书了。

我在那地方约一年零四个月,大致眼看杀过七百人。一些人在什么情形下被拷打,在什么状态下被把头砍下,我皆懂透了。又看到许多所谓人类做出的蠢事,简直无从说起。这一分经验在我心上有了一个分量,使我活下来永远不能同城市中人爱憎感觉一致了。从那里以及其他一些地方,我看了些平常人不看过的蠢事,听了些平常人不听过的喊声,且嗅了些平常人不嗅过的气味;使我对于城市中人在狭窄庸懦的生活里产生的作人善恶观念,不能引起多少兴味,一到城市中来生活,弄得忧郁强悍不像一个"人"的感情了。

我所到的地方原来不过只是六百户左右一个小镇,地方唯一

---

① 此处系《沈从文甲集》之误。

较大的建筑是一所杨姓祠堂,于是我们一来便驻扎到这个祠堂中。

这里有一个官药铺,门前安置一口破锅子,有半锅黑色膏药,锅旁贴着干枯了的蛇,壁虎,蜈蚣,等等,表示货真价实。常常有那么一个穿上青洋板绫马褂,二马居蓝青布衫子,红珊瑚球小帽子的人,站在大门前边,一见到我们过路时,必机械似的把两手摊开,腰背微微弯下,和气亲人的向我们说:

"副爷,副爷,请里边坐,膏药奉送,膏药奉送。"

因为照例作兵士的总有许多理由得在身体不拘某一部分贴上一张膏药,并且各样病症似乎也都可由膏药治好。所以药铺表示欢迎驻军起见,管事的常常么欢迎我们,并且膏药锅边总还插上一个小小纸招,写着:

欢迎清乡部队,新摊五毒八宝膏药,奉送不取分文。

既然有了这种优待,兵士火夫到那里去贴膏药的自然也不乏其人。我方明白为什么戏楼墙壁上膏药特别多的理由,原来有不要钱买的膏药,无怪乎大家竞贴膏药了。

那个豆腐作坊门前常是一汪黑水,黑水里又涌起些白色泡沫,常常有五六只肮脏大鸭子,把个嫩红的嘴巴插到泡沫里去,且喋呷出一种声音来。

那个南货铺有冰糖红糖,有海带蛰皮,有陈旧的芙蓉酥同核桃酥,有大麻饼与小麻饼。铺子里放了无数放乌金光泽的大陶瓮,上面贴着剪金的福字寿字。有成束的干粉条,又有成束的咸面,皆用皮纸包好,悬挂在半空中,露出一头让人见到。

那个烟馆门前常常坐了一个年纪四十来岁的妇人,扁扁的脸上擦了很厚一层粉,眉毛扯得细细的,故意把五倍子染绿的家机布袴子,提得高高的,露出水红色洋袜子来。见兵士同火夫过身时,就把脸掉向里面,看也不看,表示贞静,若过身的穿着长衣或是军官,她便很巧妙的做一个眼风,把嘴角略动,且故意娇声娇气喊叫屋中男子,为她做点事情。我同兵士走过身时,只看到她的背影,同营副走过时,就看到她的正面了。这点人性的姿态,我当时就很能欣赏它,注意到这些时,始终没有丑恶的感觉,只觉得这是"人"的事情。我一生活下来太熟习这些"人"的事情了。

我们部队到那地方除了杀人似乎无事可作。我们兵士除了看杀人,似乎也是没有什么可作的。

由于过分寂寞,杀人虽不是一种雅观的游戏,本部队官佐中赶到行刑地去鉴赏这种事情的实在很不乏人。有几个副官同一个上校参谋,我每次到场时,他们也就总站在那桥栏上看热闹。

到杀人时,那个学问超人的军法长,常常也马马虎虎的宣布了一下罪状,在预先写好的斩条上,勒一笔朱红,一见人犯被兵士簇拥着出了大门,便匆匆忙忙提了长衫衣角,拿起光亮白铜水烟袋,从后门菜园跑去,赶先走捷径到离桥头不远一个较高点的土墩上,看人犯到桥头大路上跪下时砍那么一刀。

若这一天正杀了人,那被杀的在死前死后又有一种出众处,或招供时十分快爽,或临刑时颜色不变,或痴痴呆呆不知事故,或死后还不倒地,于是副官处,卫队营,军需处,参谋军法秘书处,总有许久时间谈到这个被杀的人有趣味地方,或又辗转说到关于其他时节种种杀戮故事。杀人那天如正值场期,场中有人卖猪肉牛肉,刽子手照例便提了那把血淋淋的大刀,后面跟着两个火夫,抬一只竹箩,每到一个屠桌前可割三两斤肉,到后把这一箩筐猪肉牛肉各处平分,大家便把肉放到火炉上去炖好,烧酒无限制的喝着。等到各人皆有点酒意时,就常常偏偏倒倒的站起来,那么随随便便的扬起筷子,向另一个正蹲着吃喝的同事后颈上一砍,于是许多人就扭成一团,大笑大闹一阵。醉得厉害一些的,倒到地下谁也不管,只苦了那些小副兵,必得同一只狗一样守着它的主人,到主人醒来时方能睡去。

地方逢一六赶场,到时副官处就派人去摆赌抽头,得钱时,上至参谋,下至传达,人人有分。

大家有时也谈谈学问。几个高级将校,各样学识皆像个有知识的军人,有些做过一两任知事,有些还能做做诗,有些又到日本留过学。但大家都似乎因为所在地方不是说学问的地方,加之那姓杨的司令官又不识字,所以每天大家就只好陪司令官打打牌,或说点故事,烧烧鸦片烟,喝一杯烧酒。他们想狗肉吃时,就称赞我上一次作的狗肉如何可口,且总以为再来那么一次试试倒不坏。我便自告奋勇,拿了钱即刻上街。几个上级官佐自然都是有钱的,每一次罚款,他们皆照例有一分,摆赌又有一分,他们的钱得来就全无用处。不说别人,单是我一点点钱,也就常常不知道怎么去花!因此有时只要听到他们赞美了我烹调的手腕后,我还常常不告给他们,就自己跑出去把狗肉买得,一个人拿过修械处打铁炉上去,把那一腿狗肉皮肤烧烧,再同一个小副兵到溪边水里去刮尽皮上的焦处,砍成小块,用钵头装好,上街去购买各样作料,又回到修械处把有铁丝贯耳的瓦钵,悬系打铁炉上面,自己努力去拉动风箱,直到把狗肉炖得稀烂。晚饭摆上桌子时,我方要小副兵把我的创作搬来,使每个人的脸上皆写上一个惊讶的微笑,各人的脸嘴皆为这一钵肥狗肉改了样子。于是我得意了,我便异常快乐的说:"来,来,试一试,今天的怎么样!"我那么忙着,赤个双脚跑上街去又到冰冷的溪水里洗刮,又守在风箱边老半天,究竟为的是什么?就为的是临吃饭时惊讶他们那么一下!这些将校也可真算得是懂幽默,常常从楼上眼看着我手上提了狗肉,知道我正在作这件事时,只装作不知道,对于我应办的公文,那秘书官却自己来动手。见我向他们微笑,他们总故意那么说:"天气这样坏,若有点狗肉大家来喝一杯,真不错!"说了他们又互相装成抱歉的口吻说:"上一次真对不起小师爷,请我们的客忙了他一天。"他们说到这里时就对我望着,仿佛从我微笑时方引起一点疑心,方带着疑问似的说:"怎么,怎么,小师爷你难道又要请客了么?这次可莫来了,再来我们就不好意思了!"可是,我笑笑,跑了。他们明白这件事,他们也没有什么不好意思。我虽然听得出他们的口吻,懂得他们的做作,但我还是欢喜那么做东请客。

就因为这点性格,名义上作的是司书,实际上每五天一场,我总得作一回厨子。大约当时我焖狗肉的本领较之写字的本领实在也高一着,我的生活兴味,对于作厨子办菜,又似乎比写点公函呈文之类更相近。

我间或同这些高等人物走出村口,往山脚下乡绅家里去吃蒸鹅喝家酿烧酒,间或又同修械处小工人上山采药摘花,找寻山果。我们各人会用篠竹做竖笛,在一支短竹上钻四个圆圆的眼儿,另一端安置一个扁扁的竹膜哨子,就可吹出新婚嫁女的唢呐声音。胡笳曲中的"娘送女""山坡羊"等等,我们无一不可以合拍吹出。我们最得意处也就是四五个人各人口中含了那么一个东西向街上并排走去,呜呜喇喇声音引起许多人注意,且就此吹进营门。住在戏楼上人,先不知道是谁作的事,各人皆争着把一个大头从戏楼窗口伸出,到后明白只是我们的玩意儿时,一面大骂我们一面也就笑了许久。大致因为大家太无事可作,所以他们不久反而来跟我们学习吹这个东西,有一姓杨的参谋,便常常拿了这种绿竹小管,依傍在楼梯边吹它,一吹便是半天。

我们又常常在晚上拿了火炬镰刀到小溪里去砍鱼,用鸡笼到田中去罩鱼。且上山装套,设阱捕捉野狸同黄鼠狼。把黄鼠狼皮整个剥来,用米糠填满它的空处,晒干时用它装零件东西。

我有一次无意中还在背街发现了一个融铁工厂。

当我发现了那个制铁处以后,就常常一个人跑到那里去,看他们工作。因此明白那个地方制铁分四项手续,第一收买从别处担来的黄褐色原铁矿,七个小钱一斤,按分量算账。其次把买来的铁矿每一层矿石夹一层炭,再在上面压一大堆矿块,从下面升火让它慢慢的燃。第三等到六七天后矿已烘酥冷却,再把它同木炭放到黄泥作成可以倾侧的炉子里面去,一个人把炉旁风箱拉动,送空气进炉腹,等到铁汁已融化时,就把炉下一个泥塞子敲去,把黑色矿石渣先爬出来,再把炉倾侧,放光的白色融液,泻出到划成方形的砂地上,再过一会白汁一凝结,便成生铁板了。末了再把这些铁板敲碎放到煤火的炉上去烧红,用锤打成方条,便成为运出本地到各地去的熟铁了。我一到这里来就替他们拉风箱,风箱拉动时作出一种动人的吼声,高巍巍的炉口便喷起一股碧焰,使人耳目十分愉快。用一阵气力在这圆桶形风箱上面,不到一刻就可看到白色放光闪着火花的铁汁从缺口流出,这工作也很有意义的。若拉了一阵风箱,亲眼看过倾泻一次铁汁,我回去时便极高兴的过修械处告给那几个小工人,又看他们拉风箱打铁。我常常到修械处,我欢喜那几个小工人,我欢喜他们勇敢而又快乐的工作。我最高兴的是看他们那个麻子主任,高高的坐在一堆铁条上面,一面唱《孟姜女哭长城》,一面调度指挥三个小孩子的工作。他们或者裸着瘦瘦的膊子,舞动他们的铁锤,或用鱼头钻在铁盘上钻眼,或把敷了酱的三角形新钢铫,烧红时放到盐水里一淬,或者什么事也不作,只是蹲成一团,围到一大钵狗肉,各人用小土碗喝酒,向那麻子"师傅长师傅短"的随意乱说乱笑。说到"作男子的不勇敢可不像男子"时,那师傅若多喝了一杯,时间虽到了十一月,为了来一个证明,总说:

"谁愿意作大丈夫谁同我下溪里泅一阵水!"

到后必是师徒四人一齐从后门出去。到溪水里去乱浇一阵水,闹一阵,光着个上身跑回来,大家哈哈笑个半天。有一次还多了一个人,因为我恰恰同他们喝酒,我也就作了一次"大丈夫"。

在部中可看到的还很多,间或有什么火夫犯了事,值日副官就叫他到大堂廊下,臭骂一顿,喊:"护兵,打这狗杂种一百!"于是那火夫知道是要打他了,便自动卸了裤子,爬在冷硬的石阶上,露出一个黑色的大脏臀,让板子拍拍的打,把数目打足,站起来提着裤头荷荷的哭着走了。

白日里出到街市尽头处去玩时,常常还可以看见一幅动人的图画,前面几个兵士,中间一个十二三岁的小孩子,挑了两个人头,这人头便常常是这小孩子的父亲或叔伯,后面又是几个兵,或押解一两个双手反缚的人,或押解一担衣箱,一匹耕牛。这一行人众自然是应当到我们总部去的,一见到时我们便跟了去。

晚上拷打时,常常看到他们用木棒打犯人脚下的螺丝骨,这刑罚是垫在一块方铁上执行的,二十下左右就可把一只脚的骨髓敲出。又用香火薰鼻子,用香火烧胸胁。又用铁棍上"地绷",啵的一声把脚扳断,第二天上午就拖了这人出去砍掉。拷打这种无知乡民时,我照例得坐在一旁录供,把那些乡下人在受刑不过情形中胡胡乱乱招出的口供,记录在一角公文纸上。末后兵士便把那乡下人手掌涂了墨,在公文末尾空白处按个手迹,这些东西末了还得归我整理,再交给军法官存案。

姓文的秘书

当我已升作司书常常伏在戏楼上窗口边练字时，从别处地方忽然来了一个趣人①，作司令部的秘书官。这人当时只能说他很有趣，现在想起他那个风格，也作过我全生活一颗钉子，一个齿轮，对于他有可感谢处了。

这秘书先生小小的个儿，白脸白手，一来到就穿了青缎马褂各处拜会。这真是稀奇事情。部中上下照例全不大讲究礼节，吃饭时各人总得把一只脚跷到板凳上去，一面把菜饭塞满一嘴，一面还得含含胡胡骂些野话。不拘说到什么人，总得说：

"那杂种，真是……"

这种辱骂并且常常是一种亲切的表示，言语之间有了这类语助辞，大家谈论就仿佛亲爱了许多。小一点且常喊小鬼，小屁眼客，大一点就喊吃红薯吃糟的人物，被喊的也从无人作兴生气。如果见面只是规规矩矩寒暄，大家倒以为是从京里学来的派头，有点"不堪承教"了。可是那姓文的秘书到了部里以后，对任何人都客客气气的，即或叫副兵，也轻言细语，同时当着大家放口说野话时，他就只微微笑着。等到我们熟了点，单是我们几个秘书处的同事

---

① 此人名文颐真，湖南泸溪人，曾留学日本。

在一处时,他见我说话,凡属自称必是"老子",他把头摇着:

"啊呀呀,小师爷,你人还那么一点点大,一说话也老子长老子短!"

我说:"老子不管,这是老子的自由。"可是我看看他那和气的样子,我有点害羞起来了。便解释我的意见,"这是说来玩的,不损害谁。"

那秘书官说:

"莫坑这个,你聪明,你应当学好的,世界上有多少好事情可学!"

我把头偏着说:

"那你为老子说说,老子再看看什么样好就学什么吧。"

因为我一面说话一面看他,所以凡是说到"老子"时总不得不轻声一点,两人谈到后来,不知不觉就成为要好的朋友了。

我们的谈话也可以说是正在那里互相交换一种知识,我从他口中虽得到了不少知识,他从我口中所得的也许还更多一点。

我为他作狼嗥,作老虎吼,且告诉他野猪脚迹同山羊脚迹的分别,我可从他那里知道火车叫的声音轮船叫的声音,以及电灯电话的样子。我告他的是一个被杀的头如何沉重,那些开膛取胆的手续应当如何把刀在腹部斜勒,如何从背后踢那么一脚,他却告我美国兵英国兵穿的衣服,且告我鱼雷艇是什么,氢气球是什么;他对于我所知道的种种觉得十分新奇,我也觉得他所明白的真真古怪。

这种交换谈话各人皆仿佛各有所得,故在短短的时间中,我们便成就了一种最可纪念的友谊。他来到了怀化后,先来几天因为天气不大好,不曾清理他的东西。三天后出了太阳,他把那行李箱打开时,我看到他有两本厚厚的书,字那么细小,书却那么厚实,我

竟吓了一跳。他见我为那两本书发呆,就说:

"小师爷,这是宝贝,天下什么都写在上面,你想知道的各样问题,全部写得有条有理。"

这样说来更使我敬畏了。我用手摸摸那书面,恰恰看到书脊上两个金字,我说:

"《辞源》,《辞源》。"

"正是《辞源》。你且问我不拘一样什么古怪的东西,我立刻替你找出。"

我想了想,一眼望到戏楼下诸葛亮三气周瑜的浮雕木刻,我就说:"诸葛孔明卧龙先生怎么样?"他即刻低下头去,前面翻翻后面翻翻,一会儿就被他翻出来了。到后另外又翻了一件别的东西。我快乐极了。他看我自己动手乱翻乱看,恐怕我弄脏了他的书,就要我下楼去洗手再来看。我相信了他的话,洗过了手还乱翻了许久。

因为他见我对于他这一本宝书爱不释手,就问我看过报没有。我说:"老子从不看报,老子不想看什么报。"他却从他那《辞源》上翻出《老子》一条来,我方知道老子就是太上老君,太上老君竟是真有的人物。我不再称自己做太上老君,我们却来讨论报纸了。于是同另一个老书记约好,三人各出四毛钱,订一份《申报》来看,报钱买成邮花寄往上海后,报还不曾寄来,我就仿佛看了报,且相信他的话,报纸是了不得的东西,我且俨然就从报纸上学会许多事情了。这报纸一共定了两个月,我似乎从那上面认识了好些生字。

这秘书虽把我当个朋友看待,可是我每天想翻翻他那本宝书可不成。他把书好好放在箱子里,他对这书显然也不轻视的。既不能成天翻那本书,我还是只能看看《秋水轩尺牍》,或从副官长处一本一本的把《西游记》借来看看。办完公事不即离开白木桌边时,从窗口望去正对着戏台,我就用公文纸头描画戏台前面的浮雕。我的一部分时间,跟这人谈话,听他说下江各样东西,大部分时间,还是到外边无限制的玩。但我梦里却常常偷翻他那宝书,事实上也间或有机会翻翻那宝书。氢气是什么,《淮南子》是什么,参议院是什么,就多半从那本书上知道的。

驻扎到这里来名为清乡,实际上便是就食。从湘西方面军队看来,过沅州清乡,比较据有其他防地占了不少优势,当时靖国联军第二军实力尚厚,故我们部队能够得到这片地土。为时不久,靖国联军一军队伍节制权由田应诏转给了他的团长陈渠珍①后,一二军的势力有了消长。二军杂色军队过多,无力团结,一军力图自强,日有振作。作民政长兼二军司令的张学济,在财政与军事两方面,支配处置皆发生了困难,第一支队清乡除杀人外既毫无其他成绩,军誉又极坏,因此防地发生了动摇。当一军陈部从麻阳开过,本部感受压迫时,既无法抵抗,我们便在一种极其匆忙中退向下游。于是仍然是开拔,用棕衣包裹双脚,在雪地里跋涉,又是小小的船浮满了一河。五天后我又到辰州了。

军队防区既有了变化,杂牌军队有退出湘西的模样,二军全部皆用"援川"名义,开过川东去就食。我年龄由他们看来,似乎还太小了点,就命令我同一个老年副官长,一个跛脚副官,一个吃大烟的书记官,连同二十名老弱兵士,留在后方的留守部。

军队开走后,我除了每三天誊写一分报告,以及在月底造一留

---

① 陈渠珍,别号玉鍪,湖南凤凰人,1882年生,毕业于湖南武备学堂,1919年下半年接替田应诏任湖南靖国联军第一军军长,1920年任湘西巡防统领。

守处领饷清册呈报外,别的便无事可作。街市自从二军开拔后,似乎也清静多了。我每天仍然常常到那卖汤圆处去坐坐,间或又到一军学兵营看学兵下操。或听副官长吩咐,与一个兵士为他过城外水塘边去钓蛤蟆,把那小生物弄回部里给他下酒。

女　难

　　我欢喜辰州那个河滩,不管水落水涨,每天总有个时节在那河滩上散步。那地方上水船下水船虽那么多,由一个内行眼中看来,就不会有两只相同的船。我尤其欢喜那些从辰溪一带载运货物下来的高腹昂头"广舶子",一来总斜斜的孤独的搁在河滩黄泥里,小水手从那上面搬取南瓜,茄子,成束的生麻,黑色放光的圆瓮。那船在暗褐色的尾梢上,常常晾得有朱红袴褂,背景是黄色或浅碧色一派清波,一切皆那么和谐,那么愁人。

　　美丽总是愁人的。我或者很快乐,却用的是发愁字样。但事实上每每见到这种光景。我总默默的注视许久。我要人同我说一句话,我要一个最熟的人,来同我讨论这些光景。可是这一次来到这地方,部队既完全开拔了,事情也无可作的,玩时也不能如前一次那么高兴了。虽仍然常常到城门边去吃汤圆,同那老人谈谈,看看街,可是能在一堆玩,一处过日子,一阵子说话的,已无一个人。

　　我感觉到我是寂寞的。记得大白天太阳很好时,我就常常爬到墙头上去看驻扎在考棚的卫队玩。有时又跑到井边去,看人家轮流接水,看人家洗衣,看他们作豆芽菜的浇水进桶里去。我坐在那井栏一看就是半天。有时来了一个挑水的老妇人,就帮着这妇人做做事,把桶递过去,把瓢递过去。我有时又到那靠近学校的城墙上去,看那些教会学生玩球,或互相用小小绿色柚子抛掷,或在那坪里追赶扭打。我就坐在城墙上看热闹,间或他们无意中把球踢上城时,学生们懒得上城捡取,总装成怪和气的样子:

"小副爷,小副爷,帮个忙,把我们皮球抛下来。"

我便赶快把球拾起,且仿照他们把脚尖那么一踢,于是那皮球便高高的向空中窜去,且很快的落到那些年轻学生身边了。那些人把赞许与感谢安置在一个微笑里,有的还轻轻的呀了一声,看我一眼,即刻又竞争皮球去了。我便微笑着,照旧坐下来看别人的游戏,心中充满了不可名言的快乐。我虽作了司书,因为穿的还是灰布袄子,故走到什么地方去,别人总是称呼我作"小副爷"。我就在这些情形中,以为人家全不知道我身分,感到一点秘密的快乐。且在这些情形中,仿佛同别个世界里的人也接近了一点。我需要的就是这种接近。

可是不到一会,那学校响了上堂铃,大家一窝蜂散了,只剩下一个圆圆的皮球在草坪角隅,墙边不知名的繁花正在谢落,天空静静的,我望到日头下自己的扁扁影子,有说不出的无聊。我得离开这个地方,得沿了城墙走去。有时在城墙上见一群穿了花衣的女人从对面走来,小一点的女孩子远远的一看到我,就"三姐二姐"的乱喊,且说"有兵有兵",意思便想回头走去。我那时总十分害羞,赶忙把脸向雉堞缺口向外望去,好让这些人从我身后走过,心里却又对于身上的灰布军衣有点抱歉。我以为我是读书人,不应当被别人厌恶。可是我有什么方法使不认识我的人也给我一分尊敬?我想起那册厚厚的《辞源》,想起三个人共同订的那一分《申报》,还想起《秋水轩尺牍》。

就在这一类隐隐约约的刺激下,我有时回到部中,坐在用公文纸裱糊的桌面上,发愤去写细字,一写便是半天。

时间过去了,春天夏天过去了,且重新又过年了。川东鄂西的消息来得够坏。只听说我们军队在川边已同当地神兵接了火,接着就说得退回湖南,第三次消息来时,却说我们军队全部都覆灭了,营长,团长,旅长,军法长,秘书长,参谋长完全皆被杀了。这件事最初不能完全相信,作留守的老副官长就亲自跑过二军留守部去问,到时那边止接到一封详细电报,把我们总司令部如何被人袭击,如何占领,如何残杀的事,……说明。拍发电报的就正是我的上司。他幸运先带一团人过湘境龙山布防,因此方不遇难。

好,这一下可好!熟人全杀尽了,兵队全打散了,这留守处还有什么用处?自从得到了详细报告后,五天之中我们便领了遣散费,各人带了护照各自回家。

回到家中约在八月左右。一到十二月,我又离开家中过沅州。家中实在蹲不住,军队中不成,还得另想生路,沅州地方应当有机会。那时正值大雪,既出了几次门,有了出门的经验,把生棕衣毛松松的包裹到两只脚,背了个小小包袱,跟着我一个亲戚的轿后走去,脚倒全不怕冻。雪实在大了点,山路又窄,有时跌到了雪坑里去,便大声喊呼,必得那脚夫把扁担来援引方能出险。可是天保佑,跌了许多次数我却不曾受伤。走了四天到地以后我暂住在一个舅父①家中,不久舅父作了警察所长,我就作了那小小警察所的办事员。办事处在旧县衙门,我的职务只是每天抄写违警处罚的条子。隔壁是个典狱署,每夜皆可听到监狱里犯人受狱中老犯拷

---

① 指作者的堂舅黄巨川。

掠的呼喊。警察署也常常捉来些偷鸡摸狗的小窃,一时不即发落,便寄存到牢狱里去,因此每天黄昏将近牢狱里应当收封点名时,照例我也得同一个巡官,拿一本点名册,跟着进牢狱里去,点我们这边寄押人犯的名。点完名后,看着他们那方面的人把重要犯人一一加上手镣,必需套枷的还戴好方枷,必需固定的还把他们系在横梁铁环上,几个人方走出牢狱。

警察署不久从地方财产保管处接收了本地的屠宰税,我这办事员因此每天又多了一分职务。每只猪抽收六百四十文的税捐,我便每天填写税单。另外派了人去查验,恐怕那查验的舞弊不实,我自己也得常常出来到全城每个屠案桌边看看。这分职务有趣味处倒不是查出多少漏税的行为,却是我可以因此见识许多事情。我每天得把全城跑到,还得过一个长约一里在湘西方面说来十分著名的长桥,往对河地方去看看。各个店铺里的人俱认识我,同时我也认识他们。成衣铺,银匠铺,南纸店,丝烟店,不拘走到什么地方,便有人向我打招呼,我随处也照例谈谈玩玩。这些商店主人照例就是本地绅士,常常同我舅父喝酒,也知道许多事情皆得警察所帮忙,因此款待我很不坏。

另外还有个亲戚,在本地又是一个大拇指人物,有钱,有势,从知事起任何人物任何军队皆对他十分尊敬,从不敢稍稍得罪他。这个亲戚对于我的能力,也异常称赞。

那时我的薪水每月只有十二千文,一切事倒做得有条不紊。

大约正因为舅父同另外那个亲戚每天做诗的原因,我虽不会做诗,却学会了看诗。我成天看他们作诗,替他们抄诗,工作得很有兴致。因为盼望所抄的诗被人嘉奖,我开始来学写小楷字。因为空暇的时间仍然很多,恰恰那亲戚家中有两大箱商务印行的

《说部丛书》,这些书便轮流作了我最好的朋友。我记得迭更司[①]的《冰雪因缘》《滑稽外史》《贼史》这三部书,反复约占去了我两个月的时间。我欢喜这种书,因为它告给我的正是我所要明白的。它不如别的书说道理,它只说下一些现象。即或它说的还是一种很陈腐的道理,但它却有本领把道理包含在现象中。我就是个不想明白道理却永远为现象所倾心的人。我看一切,却并不把那个社会价值掺加进去,估定我的爱憎。我不愿向价钱上的多少来为百物作一个好坏批评,却愿意考查它在我官觉上使我愉快不愉快的分量。我永远不厌倦的是"看"一切。宇宙万汇在动作中,在静止中,我皆能抓定她的最美丽与最调和的风度,但我的爱好却不能同一般目的相合。我不明白一切同人类生活相联结时的美恶,另外一句话说来,就是我不大能领会伦理的美。接近人生时我永远是个艺术家的感情,却绝不是所谓道德君子的感情。可是,由于社会人与人的关系产生的各种无固定性的流动的美,德性的愉快,责任的愉快,在当时从别人看来,我也是毫无瑕疵的。我玩得厉害,职分上的事仍然做得极好。

那时节我的母亲同姊妹,已把家中房屋售去,剩下几千块钱,既把老屋售去不大好意思在本城租人房子住下,且因为我事情作得很好,沅州的亲戚又多,便坐了轿子来到沅州,我们一同住下。本地人只知道我家中是旧家,且以为我们还能够把钱拿来存放钱铺里,我又那么懂事明理有作为,那在当地有势力的亲戚太太,且恰恰是我母亲的妹妹,因此无人不同我十分要好,母亲也以为一家的转机快到了。

[①] 即狄更斯。

假若命运不给我一些折磨,允许我那么把岁月送走,我想象这时节我应当在那地方做了一个小绅士,我的太太一定是个略有财产商人的女儿,我一定做了两任知事,还一定做了四个以上孩子的父亲。照情形看来,我的生活是应当在那么一个公式里发展的。这点打算不是现在的想象,当时那亲戚就说到了。因为照他意思看来,我最好便是作他的女婿,所以别的人请他向我母亲询问对于我的婚事意见时,他总说得慢一点。

不意事业刚好有些头绪,那作警察所长的舅父,却害肺病死掉了。

因他一死,本地捐税抽收保管改为一个新的团防局,我得到职务上"不疏忽"的考语,仍然把职务接续下去,改到了新的地方,作了新机关的收税员。改变以后情形稍稍不同的,我得每天早上一面把票填好,一面还得在十点后各处去查查。不久在那团防局里我认识了十来个绅士,却同时认识一个白脸长身的小孩子。由于这小孩子同我十分要好,半年后便有一个脸儿白白的身材高的女孩印象,把我生活完全弄乱了。

我是个乡下人,我的月薪已从十二千增加到十六千,我已从那些本地乡绅方面学会了刻图章,写草字,做点半通不通的五律七律,我年龄也已经到了十七岁。在这样情形下,一个样子诚实聪明懂事的年轻人,和和气气邀我到他家中,去看他的姐姐,请想想,我结果怎么样。

乡下人有什么办法,可以抵抗这命运所摊派的一分?

当那在本地翘大拇指的亲戚,隐隐约约明白了这件事情时,当一些乡绅知道了这件事情时,每个人都劝告我不要这么傻。有些本来看中了我,同我常常作诗的绅士,就向我那有势力的亲戚示意,愿意得到这样一个女婿。那亲戚于是把我叫去,当着我的母亲,把四个女孩子提出来问我看谁好就定谁。四个女孩子中就有我一个表妹。老实说来,我当时也还明白四个女孩子生得皆很体面,比另外那一个强得多,全是在平时不敢希望得到的好女孩子。可是上帝的意思与魔鬼的意思两者必居其一,我以为我爱了另外那个白脸女孩子,且相信那白脸男孩子的谎话,以为那白脸女孩子也正爱我。一分离奇的命运,行将把我从这种庸俗生活中攫去,再安置到此后各样变故里,因此我当时同我那亲戚说:"那不成,我不作你的女婿,也不作店老板的女婿。我有计划,得自己照我自己的计划作去。"什么计划?真只有天知道。

我母亲什么也不说,似乎早知道我应分还得受多少折磨,家中人也免不了受许多磨难的样子,只是微笑。那亲戚便说:"好,那我们看,一切有命,莫勉强。"

那时节正是三月,四月中起了战事,八百土匪把一个小城团团围住,在城外各处放火,四百左右驻军同一百左右团丁站在城墙上对抗,到夜来流弹满天交织,如无数紫色小鸟振翅,各处皆喊杀连天。三点钟内城外即烧去了七百栋房屋。小城被围困共计四天,外县援军赶到方解了围。这四天中城外的枪炮声我一点儿也不关心,那白脸孩子的谎话使我只知道有一件事情,就是我已经被一个女孩子十分关切,我行将成为他的亲戚。我为他姊姊无日无夜作旧诗,把诗作成他一来时便为我捎去。我以为我这些诗必成为不朽作品,他说过,他姊姊便最欢喜看我的诗。

我家中那点余款本来归我保管存放的。直到如今,我还不明白为什么那白脸孩子今天向我把钱借去,明天即刻还我,后天再借去,大后天又还给我,结果算去算来却有一千块钱左右的数目,任何方法也算不出用它到什么方面去。这钱居然无着落了。但还有更坏的事。

到这时节一切全变了,他再不来为我把每天送他姊姊的情诗捎去了,那件事情不消说也到了结束时节了。

我有点明白,我这乡下人吃了亏。我为那一笔巨大数目着了骇,每天不拘作任何事都无心情。每天想办法处置,却想不出比逃走更好的办法。

因此有一天,我就离开那一本账簿,同那两个白脸姊弟,四个一见我就问我"诗作得怎么样"的理想岳丈,四双眼睛漆黑身长苗条发辫极大的女孩印象,以及我那个可怜的母亲同姊妹走了。为这件事情,我母亲哭了半年。这老年人不是不原谅我的荒唐,因我不可靠用去了这笔钱而流涕;却只为的是我这种乡下人的气质,到任何处总免不了吃亏,而想来十分伤心。

常　德

　　我本预备到北京的,但去不成。我本想走得越远越好,正以为我必得走到一个使人忘却了我的存在,种种过失,也使自己忘却了自己种种痴处蠢处的地方,方能够再活下去。可是一到常德后,便有个人①把我留下了。

　　到常德后一时什么事也不能作,只住在每天连伙食共需三毛六分钱的小客栈里打发日子,因此最多的去处还依然同上年在辰州军队里一样,一条河街占去了我大部分生活。辰州河街不过几家作船上人买卖的小茶馆,同几家与船上人作交易的杂货铺,常德的河街可不同多了。这是一条长约两里的河街,有客栈,有花纱行,有油行,有卖船上铁锚铁链的大铺子,有税局,有各种会馆与行庄。这河街既那么长又那么复杂,长年且因为被城中人担水把地面弄得透湿,我每天来回走个一回两回,又在任何一处随意蹲下欣赏当时那些眼前发生的新事,以及照例存在的一切,日子很快的也就又夜下来了。

　　那河街既那么长,我最中意的是名为麻阳街的一段。那里一面是城墙,一面是临河而起的一排陋隘逼窄的小屋。有烟馆同面

---

①　此人即作者的表兄黄玉书,作者大舅的儿子。

馆,有卖绳缆的铺子,有杂货字号,有屠户,有铸铁锚与琢硬木活车以及贩卖小船上应用器具的小铺子。又有小小理发馆,走路的人从街上过身时,总常常可见到一些大而圆的脑袋,带了三分呆气在那里让剃头师傅用刀刮头,或偏了头搁在一条大腿上,在那里向阳取耳。有几家专门供船上划船人开心的妓院,常常可以见到三五个大脚女人,身穿蓝色印花洋布衣服,红花洋布裤子,粉脸油头,鼻梁根扯得通红,坐在门前长凳上剥朝阳花子,见有人过路时就迷笑迷笑,且轻轻的用麻阳人腔调唱歌。这一条街上龌浊不过,一年总是湿漉漉的不好走路,且一年四季总不免有种古怪气味。河中还泊满了住家的小船,以及从辰河上游洪江一带装运桐油牛皮的大船。上游某一帮船只拢岸时,这河街上各处都是水手,只看到这些水手手里提了干鱼,或扛了大南瓜,到处走动,各人皆忙匆匆的把从上游本乡带来的礼物送给亲戚朋友。这街上又有些从河街小屋子里与河船上长大的小孩子,大白天三三五五捧了红冠公鸡,身前身后跟了一只肥狗,街头街尾各处找寻别的公鸡打架。一见了什么人家的公鸡时,就把怀里的鸡远远抛去,各占据着那堆积在城墙脚下的木料下观战。自己公鸡战败时,就走拢去踢别的公鸡一脚出气。或者因点别的什么事,同伙两人互骂了一句娘,看看谁也不能输那一口气,就在街中很勇敢的揪打起来,缠成一团揉到烂泥里去。

那街上卖糕的必敲竹梆,卖糖的必打小铜锣,这些人在引起别人注意方法上,皆知道在过街时口中唱出一种放荡的调子,同女人身体某一些部分相关。街上又常常有妇女坐在门前矮凳上大哭乱骂,或者用一把菜刀,在一块木板上一面砍一面骂那把鸡偷去宰吃了的人。那街上且常常可以看到穿了青羽缎马褂,新浆洗过蓝布长衫的船老板,带了很多礼物来送熟人。街头中又常常有唱木头人戏的,当街靠城架了场面,在一种奇妙处置下,当当当当蓬蓬当的响起锣鼓来,许多人便张大了嘴看那个傀儡戏,到收钱时却一哄而散。

那街上有个茶馆,一面临街,一面临河,旁边甬道下去就是河码头,从各小船上岸的人多从这甬道上下,因此来去的人也极多。船上到夜来各处全是灯,河中心有许多小船各处摇去,弄船人拖出长长的声音卖烧酒同猪蹄子粉条。我想象那个粉条一定不坏,很愿意有一个机会到那小船上去吃点什么,喝点什么,但当然办不到。

我到这街上来来去去,看这些人如何生活,如何快乐又如何忧愁,我也就仿佛同样得到了一点生活意义。

我又间或跑向轮船码头去看那些从长沙从汉口来的小轮船,在趸船一角怯怯的站住,看那些学生模样的青年和体面女人上下船,看那些人的样子,也看那些人的行李。间或发现了一个人的皮箱上贴了许多上海北京各地旅馆的标志,我总悄悄的走过去好好的研究它一番,估计这人究竟从那儿来。内河小轮船刚一抵岸,在我这乡巴老的眼下实在是一个奇观。

我间或又爬上城头,在那石头城上兜一个圈子,一面散步,一面且居高临下的欣赏那些傍了城墙脚边住家的院子里一切情形。在近北门一方面,地邻小河,每天照例有不少染坊工人,担了青布白布出城过空场上去晒晾,又有军队中人放马,又可看到埋人,又可看鸭子同白鹅。一个人既然无事可作,因此到城头看过了城外的一切,还觉得有点不足时,出城到那些大场里去找染坊工人与马夫谈话,情形也就十分平常。我虽然已经好像一个读书人了,可是事实上一切精神却更近于一个兵士,到他们身边时,我们谈到的问题,实在就比我到一个学生身边时可谈的更多。就现在说来,我同任何一个下等人就似乎有很多方面的话可谈,他们那点感想,那点观念,也大多数同我一样,皆从实生活取证来的。可是若同一个大学教授谈话,他除了说从书本上学来的那一套心得以外,就是说从报纸上学来的他那一分感想,对于一个人的成分,总似乎缺少一点什么似的。可说的也就很少很少了。

我有时还跟随一队埋人的行列,走到葬地去,看他们下葬时所用的一些手续与我那地方的习俗如何不同。

另外那件使我离开原来环境逃亡的事,我当然没有忘记,我写了些充满忏悔与自责的书信回去,请求母亲的原谅,母亲知道我并不自杀,于是来信说:"已经作过了的错事,没有不可原谅的道理。你自己好好的做事,我们就放心了。"接到这些信时,我便悄悄到城墙上去哭。因为我想象得出,这些信由母亲口说姊姊写到纸上时,两人的眼泪一定是挂在脸上的。

我那时也同时听到了一个消息,就是那白脸孩子的姊姊,下行读书,在船上却被土匪抢入山中做押寨夫人去了。得到这消息后,我便在那小客店的墙壁上写下两句别人的诗,抒写自己的感慨:"佳人已属沙咤利,义士今无古押衙。"义士虽无古押衙,其实过不久这女孩就从土匪中花了一笔很可观的数目赎了出来,随即同一个黔军团长结了婚。但团长不久又被枪毙,这女人便进到沅州本地的天主堂作洋尼姑去了。

我当然书也不读,字也不写,诗也无心再作了。

那时我的所以留在常德不动,就因为上游九十里的桃源县,有一个清乡指挥部,属于我本地军队,这军队也就是当年的靖国联军

第一军的一部分。那指挥官节制了三个支队,本人虽是个贵州人,所有高级官佐却大半是我的同乡。朋友介绍我到那边去,以为做事当然很容易。那时节何键正作骑兵团长,归省政府直辖,贺龙作支队司令,归清乡指挥统辖,部队全驻防桃源县。我得到了介绍信之后,就拿了去会贺龙,又去晋谒熟人,向清乡指挥部谋差事。可是两处虽有熟人却毫无结果。书记差遣一类事情既不能作,我愿意当兵,大家又总以为我不能当兵。不过事情虽无结果,熟人在桃源的既很多,我却可以常常坐小轮船过桃源来玩了。那时有个表弟①正从上面委派卜米作译电,我一到桃源时,就住在他那里。两人一出外还仍然是到河边看来往船只。我离开那个清乡军队已两年,再看看这个清乡军队,一切可完全变了。枪械,纪律,完全不同过去那么马虎,每个兵士都仿佛十分自重,每个军官皆服装整齐凸着胸脯在街上走路,平时无事兵士全不能外出,职员们办公休息各有定时;军队印象使我十分感动。

那指挥官虽自行伍出身,一派文雅的风度,却使人看不出他的本来面目,笔下既异常敏捷,做事又富有经验,好些日子听别人说到他时就使我十分倾心。因此我那时就只想:若能够在他那儿当一名差弁,也许比作别的事更有意思。可是我尽这样在心中打算了很久,却终不能得到一个方便机会。

---

① 指作者的姨表弟聂清。

船　上

住在那小旅馆实在不是个办法,每天虽只三毛六分钱,四个月以来欠下的钱很像个大数目了。欠账太多了,非常怕见内老板,每天又必得同她在一桌吃饭。她说的话我可以装作不懂,可是仍然留在心上,挪移不开。桃源方面差事既没有结果,那么,不想个办法,我难道就作旅馆的伙计吗?恰好那时有一只押运军服的帆船,正预备上行,押运人就是我哥哥一个老朋友,我也同他在一堆吃过喝过。一个作小学教员的亲戚,答应替我向店中办个交涉,欠账暂时不说,将来发财再看。在桃源的那个表弟,恰好也正想回返本队,因此三人就一同坐了这小船上驶。我的行李既只是一个用面粉口袋改作的小小包袱,所以上船时实在洒脱方便。

船上装满了崭新棉布军服,把军服摊开,就躺到那上面去,听押船上行的曾姓朋友,说过去生活中种种故事,我们一直在船上过了四十天。

这曾姓朋友读书不多,办事却十分在行,军人风味的勇敢,爽直,正如一般筸人的通性,因此说到任何故事时,也一例能使人神往意移。他那时年纪不会过二十五岁,却已赏玩了四十名左右的年青黄花女。他说到这点经验时,从不显出一分自负的神气,不骄傲,不矜持。他说这是他的命运,是机缘的凑巧。从他口中说出的每个女子,皆仿佛各有一分不同的个性,他却只用几句最得体最风趣的言语描出。我到后来写过许多小说,描写到某种不为人所齿及的年轻女子的轮廓,不至于失去她当然的点线,说得对,说得美,就多数得力于这个朋友的叙述。一切粗俗的话语,在一个直爽的人口中说来,却常常是妩媚的。这朋友最爱说的就是粗野话,总仿佛不用口去亲女人下体时,就得用口来说它。在我作品中,关于丰富的俗语与双关比譬言语的应用,从他口中学来的也不少。(这人就是《湘行散记》中那个戴水獭皮帽子人老板。)

我临动身时有一块七毛钱,那豪放不羁的表弟却有二十块钱,但七百里航程还只走过八分之一时,我们所有的钱却已完全花光了。把钱花光后我们仍然有说有笑,各人躺在温暖软和的棉军服上面,说粗野的故事,喝寒冷的北风,让船儿慢慢拉去,到应吃饭时,便用极厉害的辣椒在火中烧焦蘸盐下饭。

船只因为得随同一批有兵队护送的货船同时上行,一百来只大小不等的货船,每天皆同时拔锚,同时抛锚,故景象十分动人。但辰河滩水既太多,行程也就慢得极可以。任何一只船出事时皆得加以援助,一出事总就得停顿半天。天气又冷,河水业已下落,每到滩上河槽容船处都十分窄,船夫在这样天气下,还时时刻刻得下水中拉纤,故每天即或毫无阻碍也只能走三十里。送船兵士到了晚上有一部分人得上岸去放哨,大白天则全部上岸跟着船行,所以也十分劳苦。这些兵士经过上司的命令,送一次船一个钱也不能要,就只领下每天二毛二分钱的开差费,但人人却十分高兴,一遇船上出事时,就去帮助船夫,作他们应作的事情。

我们为了减轻小船的重量,也常常上岸走去,不管如何风雪,如何冷,在河滩上跟着船夫的脚迹走去,遇他们落水,我们便从河岸高山上绕道走去。

　　常德到辰州四百四十里,我们一行便走了十八天,抵岸那天恰恰是正月一日,船傍城下时已黄昏,三人空手上岸,走到市街去看了一阵春联,从一个屠户铺子经过,我正为他们说及四年前见到这退伍兵士屠户同人殴打,如《水浒》上的镇关西,谁也不是他的对手。恰恰这时节我们前面一点就抛下了一个大爆竹,訇的一声,吓了我们一跳。那时各处虽有爆竹的响声,但曾姓朋友却以为这个来得古怪。看看前面不远又有人走过来,就拖我们稍稍走过了屠户门前几步,停顿了一下,那两个商人走过身时,只见那屠户家楼口小门里,很迅速的又抛了一个爆竹下来,又是訇的一声,那两个商人望望,仿佛知道这件事,赶快走开了。那曾姓朋友说:"这狗杂种故意吓人,让我们去拜年吧。"还来不及阻止,他就到那边拍门去了。一面拍门一面和气异常的说:"老板,老板,拜年,拜年!"一会儿有个人来开门,把门开时,曾姓朋友一望,就知道这人是镇关西,便同他把手拱拱,冷不防在那高个子眼鼻之间就是结结实实一拳,那家伙大约多喝了杯酒,一拳打去就倒到烛光辉煌的门里去了。只听到哼哼乱骂,但一时却爬不起来,且有人在楼上问什么什么,那曾姓朋友便说:"狗肏的,把爆竹从我头上丢来,你认错了人。老子打了你,有什么话说,到中南门河边送军服船上来找我,我名曾祖宗。"一面说,一面便取出一个名片向门里抛去,拉着我们两人的膀子,哈哈大笑迈步走了。

　　我们倒以为那个镇关西会赶来的,因此各人随手还拾了些石头,须备来一场恶斗,谁知身后并无人赶来。上船后,尚以为当时虽不赶来,过不久定有人在泥滩上喊曾芹轩,叫他上岸比武。这朋友腹部临时还缚了一个软牛皮大抱肚,选了一块很合手的湿柴,表弟同我却各人拿了好些石块,预备这屠户来说理。也许一拳打去那家伙已把鼻子打塌了,也许听到寻事的声音是镇算人,知道不大好惹,且自己先输了理,故不敢来第二次讨亏吃了,因此我们竟白等了一个上半夜。这个年也就在这类可笑情形中过了。第二天一早,船又离开辰州河岸,开进辰河支流的北河了。

从辰州上行,我们仍然沿途耽搁,走了十四天,在离目的地七十里的一个滩上,轮到我们的船出险了。船触大石后断了缆。右半舷业已全碎,五分钟后就满了水,恰好船只装的是军服,一时不即沉没,我们便随了这破船,急水中漂浮了约三里,那时船上除了我们三人,就只一个拦头工人一个舵手。水既激急,所以任何方法总不能使船安全泊岸。然而天保佑,到后居然傍近浅处了。慢慢的十几个拉纤的船夫赶来了,兵士赶来了,大家什么话也不说,只互相对望干笑。于是我们便爬到岸边高崖上去,让船中人把搁在浅处的碎船篷板拆下,在河滩上做起一个临时棚子,预备过夜。其余船只因为两天后已可到地,就不再等我们,全部把船开走了。本地虽无土匪,却担心荒山中有野兽,船夫们烧了两大堆火,我们便在那个河滩上听了一夜滩声,过了一个元宵。

保　靖

目的地到达后,我住在一个做书记的另一表弟那里。无事可作等事作,照本地话说名为"打流"。这名词在吃饭时就见出了意义。每天早晚应吃饭时,便赶忙跑到各位老同事老同学处去,不管地方,不问情由,一有吃饭机会总不放过机会。这些人有作书记的,每月大约可得五块到十块钱,有作副官的,每月大约可得十二块到十八块钱。还有作传达的,数目比书记更少。可是在这种小小数目上,人人却能尽职办事,从不觉得有何委屈,也仍然是在日光下笑骂吃喝,仍然是有热有光的打发每一个日子。职员中肯读书的,还常常拿了书到春天太阳下去读书。预备将来考入军官学校的,每天大清早还起来到卫队营去附操,一般高级军官,生活皆十分拮据,吃粗粝的饭,过简陋的日子,然而极有朝气,全不与我三年前所见的军队相像。一切都得那个精力弥满的统领官以身作则,擘画一切,调度一切,使各人能够在职务上尽力,不消沉也不堕落。这统领便是先一时的靖国联军一军司令,直到现在,还依然在湘西抱残守阙,与一万余年轻军人同过那种甘苦与共的日子。

当时我的熟人虽多,地位都很卑下,想找工作却全不能靠谁说一句话。我记得那时我只希望有谁替我说一句话,到那个军人身边去作一个护兵。且想即或不能作这人的护兵,就作别的官佐护兵也成。因此常常从这个老朋友处借来一件干净军服,从另一个朋友又借了条皮带,从第三个又借了双鞋子,大家且替我装扮起来,把我打扮得像一个有教育懂规矩的兵士后,方由我那表弟带我往军法处、参谋处、秘书处,以及其他地方,拜会那些高级办事员,先在门边站着,让表弟进去呈报。到后听说要我进去了,一走进去时就霍的立一个正,作着各样询问的答复,再在一张纸上写几个字。只记着"等等看,我们想法",就出来了。可是当时竟毫无结果,都说可以想法,但谁也不给一个切实的办法。照我想来其所以失败的原因,大体还是一则作护兵的多用小苗人和乡下人,做事吃重点,用亲戚属中子侄,做事可靠点。二则他们都认识我爸爸,不好意思让我来为他们当差。我既无办法可想,又不能去亲自见见那位统领官,一坐下来便将近半年。

这半年中使我亲亲切切感到几个朋友永远不忘的友谊,也使我好好的领会了一个人当他在失业时萎悴无聊的心情。但从另外一方面说来,我却学了不少知识,凭一种无挂无碍到处为生的感情,接近了自然的秘密。我爬上一个山,傍近一条河,躺到那无人处去默想,漫无涯涘去作梦,所接近的世界,似乎皆更是一个结实的世界。

生活虽然那么糟,性情却依旧那么强,有一次因个小小问题,与那表弟吵了几句,半夜里不高兴再在他床上睡觉了,一时又无处可去,就走到一个养马的空屋里,爬到有干草同干马粪香味的空马槽里睡了一夜,到第二天去拿那小包袱告辞时,两人却又讲了和,笑着揉到地上扭打了一阵。但我那表弟却更有趣味。在另外一个夜里,与一个同事说到一件小事,互相争持不下时,就向那人说:"您不服吗,我两人出去打一架!看看!"那人便老老实实同他披了衣服出去,到黑暗无人的菜园里,扭打了一阵,践踏坏了一大堆白菜,各人滚了一身泥,鼻青眼肿悄悄回到住处,一句话也不说。第二天上饭桌时,才为人从脸目间认出夜里情形来,互相便坦白的大笑,同时也就照常成为好朋友了。这一群年轻人大致都那么勇敢直爽,十分可爱,但十余年来,却有大半早从军官学校出身作了小军官,在历次小小内战上牺牲腐烂了。

当时我既住到那书记处,几月以来所有书记原本虽不相识,到后也自然都熟透了。他们忙时我便为他们帮帮忙,写点不重要的训令和告示,一面算帮他们的忙,一面也算我自己玩,有一次正在写一件信札,为一个参谋处姓熊的高级参谋见到,问我是什么名义。我以为应分受责备了,心里发慌,轻轻的怯怯的说:"我没有名义,我是在这里玩的。帮他们忙写这个文件!"到后那书记官却为我说了一句公道话,告给那参谋,说我帮了他们很多的忙。问清楚了姓名,因此把我名单开上去,当天我就作了四块钱一月的司书。我作了司书,每天必到参谋处写字,事作完时就回到表弟处吃饭睡觉。

事业一有了着落,我很迅速的便在司书中成为一个特出的书记了。我比他们字写得实在好些。抄写文件时上面有了错误处,我能纠正那点笔误。款式不合有可斟酌处,我也看得出,说得出。我的几个字使我得到了较优越的地位,因此更努力写字。机会既只许可我这个人在这方面费去大部分时间同精力,我也并不放下这点机会。我得临帖,我那时也就觉得世界上最使人敬仰的是王羲之。我常常看报,原只注意有正书局的广告,把一点点薪水聚集下来,谨谨慎慎藏到袜统里,或鞋底里,汗衣也不作兴有两件,但五个月内我却居然买了十七块钱的字帖。

一分惠而不费的赞美,带着点幽默微笑:"老弟,你字真龙飞凤舞,这公文你不写谁也就写不了!"就因为这类话语,常常可以从主任那瘪瘪口中听到,我于是当着众人业已熄灯上床时,还常常在一盏煤油灯下,很细心地用《曹娥碑》字体誊录一角公文或一分报告。

各种生活营养到我这个魂灵,使它触着任何一方面时皆若有一闪光焰。到后来我能在桌边一坐下来就是八个钟头,把我生活中所知道所想到的事情写出,不明白什么叫作疲倦,这分耐力与习惯,都出于我那作书记的命运。

我不久因工作能力比同事强,被调到参谋处服务了。

书记处所在地方,据说是彭姓土司一个妃子所住的花楼。新搬去住的参谋处,房子梁架还是年前从一个梁姓苗王处抬来的,笨大的材头,笨大的柱子,使人一见就保留一种希奇印象。四个书记每天有训令命令抄写时,就伏在白木作成的方桌上抄写,不问早晚多少,以写完为止。文件太多了一点,照例还可调取其他部分的书记来帮忙,有时不必调请,照例他们也会赶来很高兴帮忙。把公事办完时,若那天正是十号左右发饷的日子,各人按照薪水多少不等,各领得每月中三分之一的薪饷,同事朋友必各自派出一份钱,亲自去买狗肉来炖,或由任何人做东,上街去吃面。若各人身边皆空空的,恰恰天气又很好,就各自手上拿一木棒,爬上后山顶上去玩,或往附近一土坡上去玩。那后山顶高约一里,并无什么正路,从险峻处爬到顶上时,却可以看许多地方。我们也就只是看那么一眼,不管如何困难总得爬上去。土坡附近常常有号兵在那里吹号,四周埋葬了许多小坟,每天差不多总有一起小棺材,或蒲包裹好的小小尸首,送到这地方来埋葬。当埋葬时,远近便蹲了无数对狗同小狼，埋人的一走，这坟至多到晚上，就被这群畜生爬开，小尸首便被吃掉了。这地方狼的数量不知道为什么竟那么多，既那么多为什么又不捕捉，这理由不易明白。我们每次到那小坡上去，总得带一大棒，就为的是恐怕被狼袭击，有木棒可以自卫。这畜生大白天见人时也并不逃跑，只静静的坐在坟头上望着你，眼睛光光的，牙齿白白的，你不惹它它也不惹你。等待你想用石头抛过去时，它却在石头近身以前，飞奔跑去了。

这地方每到夜间，当月晦阴雨时，就可听远远近近的狼嗥，声音好像伏在地面上，水似的各处流，低而长，忧郁而悲伤。间或还可听到后山的虎叫，昂的一声，谷中回音可延长许久。有时后山虎豹来人家猪圈中盗取小猪，从小猪锐声叫喊情形里，还可分分明明的知道山中野兽，从何处回山，经过何处。大家都已在床铺上听惯了这种声音，也不吃惊，也不出奇。可是由于虎狼太多，虽窗下就有哨兵岗位，但各人皆担心当真会有一天从窗口跃进一只老虎或一只豺狼，我们因此每夜总小心翼翼把窗门关好。这办法也并非毫无好处，有一次果然就有两只狼来爬窗子，两个背靠背放哨的兵士，深夜里又不敢开枪，用刺刀拟定这畜生时，据说两只狼还从从容容大模大样的并排走去。

我的事情既不是每天都很多很多，因此一遇无事可作时，几个人也常常出去玩。街上除了看洋袜子，白毛巾，为军士用的服装，和价值两元一枚的镀金表，别的就没有什么可引起我们注意的。逢三八赶场，在三八两天方有杂货百物买卖。因此我们最多勾留的地方，还是那个河边。河边有一个码头，长年湾泊五十号左右小木船。上面一点是个税局，扯起一面大大的幡旗。有一只方头平底渡船，每天把那些欢喜玩耍的人打发过河去，把马夫打发过河去,把跑差的兵士打发过河去,又装载了不少从永顺来的商人,及由附近村子里来作小买卖的人,从对河撑回,那河极美丽,渡船也美丽。

我们有时为了看一个山洞,寻一种药草,甚至于抖一口气,也常常走十里八里,到隔河大岭上跑个半天。对河那个大岭无所不有,也因为那山岭,把一条河显得更加美丽了。

我们虽各在收入最少卑微的位置上作事,却生活得十分健康。有时即或胡闹,把所有点点钱完全花到一些最可笑事情方面去,生活也仍然是健康的。我们不大关心钱的用处,为的是我们正在生活,有许多生活,本来只需我们用身心去接近,去经验,却不必用一笔钱或一本书来作居间介绍。

但大家就是那么各人守住在自己一分生活上,甘心尽日月把各人拖到坟墓里去吗?可并不这样,我们各人都知道行将有一个机会要来的,机会来时我们会改造自己变更自己的,会尽我们的一分气力去好好作一个人的。应死的倒下,腐了烂了,让他完事。可以活的,就照分上派定的忧乐活下去。

十个月后,我们部队有被川军司令汤子模请过川东填防的消息,我们长官若答应时,便行将派四团人过川东。这消息从几次代表的行动上,决定了一切技术上问题,过不久,便因军队调动把这消息完全证实了。

一个大王

那时节参谋处有个同乡问我:"军队开过四川去,要一个文件收发员,你去不去?"他且告给我若愿意去,能得九块钱一月。答应去时,他可同参谋长商量作为调用,将来要回湘时就回来,全不费事。

听说可以过四川去,我自然十分高兴。我心想:上次若跟他们部队去了,现在早腐了烂了。上次碰巧不死,一条命好像是捡来的,这次应为子弹打死也不碍事。当时带军队过川东的司令姓张,也就正是我二年前在桃源时想跟他当兵不成那个指挥官。贺龙作了我们部队的警卫团长,另外有一顾营长,曾营长,杨营长。有些人同去的也许都以为入川可以捞几个横财,讨一个媳妇。我所想的还不是钱不是女人。我那时自然是很穷的,六块钱的薪水,扣去伙食两块,每个月我手中就只四块钱,但假若有了更多的钱,我还是不会用它。得了钱除了充大爷邀请朋友上街去吃面,实在就无别的用处。至于女人呢,仿《疑雨集》写艳体诗情形已成过去了,我再不觉得女人有什么意思。我那时所需要的似乎只是上司方面认识我的长处,我总以为我有分长处,待培养,待开发,待成熟。另外还有一个理由,就是我很想看看巫峡。我有两个朋友为了从书上知道了巫峡的名字后,便亲自徒步从宜昌沿江上重庆走过一次。

我听他们说起巫峡的大处,高处,险处,有趣味处,实在神往倾心。乡下人所想的,就正是把自己全个生命押到极危险的注上去,玩一个尽兴!我们当时的防地同川军长官汤子模约好了的,是酉阳,龙潭,彭水,龚滩,统由筸军接防,前卫则到涪州为止。我以为既然到了那边,再过巫峡当然很方便了。

我既答应了那同乡,不管多少钱,不拘什么位置,皆愿意去,于是三天以后,就随了一行人马上路了。我的职务便是文件收发员。临动身时每人照例可向军需处支领薪水一月,得到九块钱后,我什么也不作,只买了一双值一块二毛钱的丝袜子,买了半斤冰糖,把余钱放在板带里。那时天气既很热,晚上还用不着棉被,为求洒脱起见,因此把自己唯一的两条旧棉絮也送给了人,自己背了小小包袱就上路了。我那包袱中的产业计旧棉袄一件,旧夹袄一件,手巾一条,夹裤一条,值一块二毛钱的丝袜子一双,青毛细呢的响皮底鞋子一双,白大布单衣裤一套。另外还有一本值六块钱的《云麾碑》,值五块钱的《圣教序》,值两块钱的《兰亭序》,值五块钱的《虞世南夫子庙堂碑》。还有一部《李义山诗集》。包袱外边则插了一双自由天竹筷子,一把牙刷,且挂了一个钻有小小圆眼用细铁丝链子扣好的搪磁碗儿。这就是我的全部产业。这分产业现在说来,依然是很动人的。

这次旅行与任何一次旅行一样,我当然得随同伙伴走路。我们先从湖南边境的茶峒到贵州边境的松桃,又到四川边境的秀山,一共走了六天。六天之内,我们走过三个省分的接壤处,到第七天在龙潭驻了防。

这次路上增加了我经验不少,过了些用木头编成的渡筏,那些渡筏的印象,十年后还在我的记忆里,极其鲜明占据了一个位置。

(《边城》即由此写成。)晚上落店时，因为人太多了一点，前站总无法分配众人的住处，各人便各自找寻住处，我却三次占据一条窄窄长凳睡觉。在长凳上睡觉，是差不多每个兵士都得养成习惯的一件事情，谁也不会半夜掉下地来。我们不止在凳上睡，还在方桌上睡。第三天住在一个乡下绅士家里，便与一个同事两人共据了一张漆得极光的方桌，极安适的睡了一夜。有两次连一张板凳也找寻不出时，我同四个人就睡在屋外稻草堆上，半夜里还可看流星在蓝空中飞！一切生活当时看来皆不使人难堪，这类情形直到如今还不会使我难堪。我最烦厌的就是每天睡在同样一张床上，这分平凡处真不容易忍受。到现在，我不能不躺在同一床上睡觉了，但做梦却常常睡到各种新奇地方去。

通过黔湘边境时，我们上了一个高坡，名棉花岭，上三十二里，下三十五里。那个坡折磨了我们一整天，可是爬上这样一个高坡，在岭头废堡垒边向下望去，一群小山，一片云雾，那壮丽自然的画图，真是一个动人的奇观。这山峰形势同堡垒形势，十余年来还使我神往。在四川边境上时，我记得还必需经过一个大场，每次场集据说有五千牛马交易。又经过一个古寺院，有六人不能合抱的松树，寺中南边一白骨塔，穿形的塔顶，全用刻满佛像的石头砌成，径约四丈。锅井似的圆坑里，人骨零乱，有些腕骨上还套着麻花纹银镯子，也无谁人取它动它。听寺僧说，是上年闹神兵，一个城子的人都死尽了，半年后把骨头收来，隔三年再焚化。

我们的军队到川东时虽仍向前方开去，司令部却不能不在龙潭暂且住下。

我们在一个庙里扎了营，办事处仍然是戏楼，比较好些便是新到的地方墙壁上没有多少膏药，市面情形也不如数年前在怀化清乡那么糟了。商会欢迎客军,早为我们预备一切,各人有个木板床,上面安置一条席子,院中且预先搭好了一个大凉棚,因此住在楼上也不很热。市面粗粗看来,一切都还像个样子。地方虽不十分大,但正当川盐入湘的孔道,又有一条小河,从洞庭湖来的小船还可由湘西北河上行直达市镇,出口的桐油与入口的花纱杂物交易都很可观。因此地方有邮局,有布置得干净舒适的客商安宿处,还有"私门头",供过往客商及当地小公务员寻欢取乐。

地方有大油坊和染坊,有酿酒糟坊,有药店,有当铺。还有一个远近百里著名的龙洞,深处透光处约半里,高约十丈,长年从洞中流出一股寒流,冷如冰水,时正六月,水的寒冷竟使任何兵士也不敢洗手洗脚,手一入水,骨节就疼痛麻木,失去知觉。那水灌溉了千顷平田,本地禾苗便从无旱灾。本部上自司令下至马夫,到这洞中次数最多的,恐怕便是我。我差不多每天必来一回,在洞中大石板上一坐半天,听水吹风够了时,方用一个大葫芦贮满了生水回去,款待那些同事朋友。

那地方既有小河,我当然也欢喜到那河边去,独自坐在河岸高崖上,看船只上滩。那些船夫背了纤绳,身体贴在河滩石头下,那点颜色,那种声音,那派神气,总使我心跳。那光景实在美丽动人,永远使人同时得到快乐和忧愁。当那些船夫把船拉上滩后,各人伏身到河边去喝一口长流水,站起来再坐到一块石头上,把手拭去肩背各处的汗水时,照例总很厉害的感动我。

我的职务并不多,只是从外来的文件递到时,照例在簿籍上照款式写着某年某月某日某时收到某处来文,所说某事。发去的也同样记上一笔。文件中既分平常次要急要三种,我便应当保管七本册子,一本作为来往总账,六本作分别记录。这些册子到晚上九点钟,必把它送给参谋长房里去,好转呈司令官检察一次,画一个阅字再退回来。我的职务虽比司书稍高,薪饷却并不比一个弁目为高。可是我也有了些好处,一到了这里,不必再出伙食,虽名为自办伙食,所有费用统归副官处报账。我每月可净得九块钱,在当时,可不是一个小数目!得了钱时不知如何花费,就邀朋友上街到面馆吃面,每次得花两块钱。那时可以算为我的好朋友的,是那司令官几个差弁,几个副官,和一个青年传令兵。

我们的住处各用木板隔开,我的职务在当时虽十分平常,所保管的文件却似乎不能尽人知道,因此住处便在戏楼最后一角,隔壁是司令官的十二个差弁,再过去是参谋长同秘书长,再过去是司令官,再过去是军法。对面楼上分军法处,军需处,军械处三部分,楼下有副官处和庶务处。戏台上住卫队一连,正殿则用竹席布幕编成一客厅,接见当地绅士和团总时,就在这大客厅中,同时又常常用来审案。各地方皆贴上白纸的条子,写明所属某部,那纸条便出自我的手笔。差弁房中墙上挂满了大枪小枪,我房间中却贴满了自写的字。每个视线所及的角隅,我还贴了小小字条,上面这样写着:"胜过钟王,压倒曾李",因为那时节我知道写字出名的,死了的有钟王两人,活着却有曾农髯和李梅庵[①]。我以为只要赶过了他们,一定就可独霸一世了。

我出去玩时,若只一人我常到龙洞与河边,两人以上就常常过对河去。因为那时节防地虽由川军让出,川军却有一个旅司令部与小部分军队驻在河对面一个庙里。上级虽相互要好,兵士不免

---

① 这里"钟王"分别指三国魏和东晋大书法家钟繇和王羲之。曾农髯,即曾熙(1861—1930),湖南衡阳人;李梅庵,即李瑞清(1867—1920),江西临川人。两人均为近代书法大家。

常打点小架,我一人过去时怕吃人的亏,有了两人则不拘何处走去不必担心了。

到这地方每月虽可以得九块钱,不是吃面花光,就是被别的朋友用了,我却从不缝衣,身上就只一件衣。一次因为天气很好,把自己身上那件汗衣洗洗,一会儿天却落了雨,衣既不干,另一件又为一个朋友穿去了,差弁全已下楼吃饭,我又不能赤膊从司令官房边走过,就老老实实饿了一顿。

我不是说过我同那些差弁全认识吗?其中共十二个人,我以为最有趣的是那个弁目。这是一个土匪,一个大王,一个真真实实的男子。这人自己用两只手毙过两百个左右的敌人,却曾经有过十七位押寨夫人。这大王身个儿小小的,脸庞黑黑的,除了一双放光的眼睛外,外表任你怎么看也估不出他有多少精力同勇气。年前在辰州河边时,大冬天有人说:"谁现在敢下水,谁不要命!"他什么话也不说,脱光了身子,即刻扑通一声下水给人看看。且随即在宽约一里的河面游了将近一点钟,上岸来时,走到那人身边去:"一个男子的命就为这点水要去吗?"或者有人述说谁赌扑克被谁欺骗把荷包掏光了,他当时一句话也不说,一会儿走到那边去,替被欺骗的把钱要回来,将钱一下攒到身边,一句话不说就又走开了。这大王被司令官救过他一次,于是不再作山上的大王,到这行伍出身的司令官身边做了一个亲信,用上尉名义支薪,侍候这司令官却如同奴仆一样的忠实。

我住处既同这样一个大王比邻,两人不出门,他必走过我房中来和我谈话。凡是我问他的,他无事不回答得使我十分满意。我从他那里学习了一课古怪的学程。从他口上知道烧房子,杀人,强奸妇女,种种犯罪的纪录;且从他那种爽直说明中了解那些行为背后所隐伏的生命意识。我从他那儿明白所谓罪恶,且知道这些罪恶如何为社会所不容,却也如何培养着这个坚实强悍的灵魂。我从他坦白的陈述中,才明白在用人生为题材的各样变故里,所发生的景象,如何离奇,如何眩目。这人当他作土匪以前,本是一个良民,为人又怕事又怕官,被外来军人把他当成一个土匪胡乱枪决过一次,到时他居然逃脱了,后来且居然就作大王了!

他会唱点旧戏,写写字,画两笔兰草,每到我房中把话说倦时,就一面口中唱着一面跳上我的桌子,演唱《夺三关》与《杀四门》。

有一天,七个人同在副官处吃饭。不知谁人开口说到听说本市什么庙里,川军还押得有一个古怪的犯人,一个出名的美姣姣,十八岁时作了匪首,被捉后,年轻军官全为她发疯,互相杀死两个小军官,解到旅部后,部里大小军官全想得到她,可是谁也不能占到便宜。听过这个消息后,我就想去看看这女土匪。我由于好奇,似乎时时刻刻要用这些新鲜景色喂养我的灵魂,因此说笑话,以为谁能带我去看看,我便请谁喝酒。几天以后,对那件事自然也就忘掉了。一天黄昏将近时分,正在自己擦拭灯罩,那大王忽然走来喊我:

"兄弟,兄弟,同我去个好地方,你就可以看你要看的东西。"

我还来不及询问到什么地方去看什么东西,就被他拉下楼梯走出营门了。

我们过河去到了一个庙里,那里驻扎得有一排川军,他同他们似乎都非常熟悉,打招呼行了个军礼,进庙后我们就一直向后殿走去。不一会转入另一个院落,就在棚栏边看到一个年青妇人了。

那妇人坐在一条朱红毯子上,正将脸向另一面,背了我们凭藉灯光做针线。那大王走近棚栏边时就说:

"夭妹,夭妹,我带了个小兄弟来看你!"

妇人回过身来,因为灯光黯淡了一点,只见着一张白白的脸儿,一对大大的眼睛。她见着我后,才站起身走过我们这边来。逼近身边时,隔了棚栏望去,那妇人身材才真使我大吃一惊!妇人面目不算得是怎样稀罕的美人,但那副眉眼,那副身段,那么停匀合度,可真不是常见的家伙!她还上了脚镣,但似乎已用布片包好,走动时并无声音。我们隔了棚栏说过几句话后,就听她问那弁目:
"刘大哥,刘大哥,你是怎么的?你不是说那个办法吗?今天十六。"

那大王说:
"我知道,今天已经十六。"
"知道就好。"
"我着急,卜了个课,说月分不利,动不得。"

那妇人便骨都着嘴吐了一个"呸",不再开口说话。神气中似有三分幽怨。这时节我虽把脸侧向一边去欣赏那灯光下的一切,但却留心到那弁目的行为。我看他对妇人把嘴向我咬咬,我明白在这地方太久不是事,便说我想先回去。那女人要我明天再来玩,我答应后,那弁目就把我送出庙门,在庙门口捏捏我的手,好像有许多神秘处,为时不久全可以让我明白,于是又进去了。

我当时只希奇这妇人不像个土匪,还以为别是受了冤枉捉到这里来的。我并不忘掉另一时在怀化剿匪所经过的种种,军队里照例有多少胡涂事作……一夜过去后,第二天当吃早饭时,一桌子人都说要我请他们喝酒。因为那女匪王夭妹已被杀,我要想看,等等到桥头去就可看见了。有人亲眼见到的,还说这妇人被杀时一句话不说,神色自若的坐在自己那条大红毛毯上,头掉下地时尸身还并不倒。消息吓了我一跳,我以为昨晚上还看到她,她还约我今天去玩,今早怎么就会被杀?吃完饭我就跑到桥头上去,那死尸却已有人用白木棺材装殓,停搁在路旁,只地下剩一摊腥血以及一堆纸钱白灰了。我望着那个地面上凝结的血块,我还不大相信,心里乱乱的,忙匆匆的走回衙门去找寻那个弁目。只见他躺在床上,一句话也不说。我不敢问他什么,便回到自己房中办事来了。可是过不多久,我却从另一差弁口中知道这件事情的原委了。

原来这女匪早就应当杀头的,虽长得体面标致,可是为人著名毒辣,爱慕她的军官虽多,谁也不敢接近她,谁也不敢保释她。只因为她还有七十支枪埋到地下,谁也不知道这些军械埋藏处。照当时市价这一批武器将近值一万块钱,不是一个小数目,因此,尽想设法把她所有的枪诱骗出来,于是把她拘留起来,且待她比任何犯人也不同。这弁目知道了这件事,又同川军排长相熟,就常过那边去。与女人熟识后,却告给女人,他也还有六十支枪埋在湖南边境上,要想法保她出来,一同把枪支掘出上山落草,就可以天不怕地不怕在山上做大王活过下半世。女人信托了他,夜里在狱中两人便亲近过了一次。这事被军官发现后,因此这女人第二天一早,便为川军牵出去砍了。

当两个人夜里在狱中所作的事情,被庙中驻兵发觉时,触犯了作兵士的最大忌讳,十分不平,以为别的军官不能弄到手的,到头来却为一个外来人占先得了好处。俗话说"肥水不落外人田",因此一排人把步枪上了刺刀,守在门边,预备给这弁目过不去。可是当有人叫他名姓时,这弁目明白自己的地位,不慌不忙的,结束了一下他那皮带,一面把两支小九响手枪取出拿在手中,一面便说:"兄弟,兄弟,多不得三心二意,天上野鸡各处飞,谁捉到手是谁的气运。今天小小冒犯,万望海涵。若一定要牛身上捉虱,钉尖儿挑眼,不高抬个膀子,那不要见怪,灯笼子认人枪子儿可不认人!"那一排兵士知道这不是个傻子,若不放他过身,就得要几条命。且明白这地方川军只驻扎一连人,篁军却有四营,出了事也不会有好处。因此让出一条路,尽这弁目两只手握着枪从身旁走去了。人一走,这王夭妹第二天一早便被砍了。

女人既已死去,这弁目躺在床上约一礼拜左右,一句空话不说,一点东西不吃,大家都怕他也不敢去撩他。到后忽然起了床,又和往常一样活泼豪放了。他走到我房中来看我,一见我就说:

"兄弟,我运气真不好!夭妹为我死的,我哭了七天,现在好了。"

当时看他样子实在又好笑又可怜。我什么话也不好说,只同他捏着手,微笑了一会儿。

在龙潭我住了将近半年。

当时军队既因故不能开过涪州,我要看巫峡一时还没有机会。我到这里来熟人虽多,却除了写点字以外毫无长进处。每天生活依然是吃喝,依然是看杀人,这分生活对我似乎不大能够满足。不久就有了一个机会转湖南,我便预备领了护照搭坐一小货船回去。打量从水道走,一面我可以经过几个著名的险滩,一面还可以看见几个新地方。其时那弁目正又同一个洗衣妇要好,想把洗衣妇讨作姨太太。司令官出门时,有人拦舆递状纸,知道其中有了些纠纷,告他这事不行,说是我们在这里作客,这种事对军誉很不好。那弁目便向其他人说:"这是文明自由的事情,司令官不许我这样作,我就请长假回家,拖队伍下我老把戏去。"他既不能娶那洗衣妇人,当真就去请假,司令官也即刻就准了他的假。那大王想与我一道上船,在同一护照上便填了我与他两人的姓名。把船看好,刚准备当天下午动身。正吃过早饭,他在我房中说到那个王幺妹被杀前的种种事情。忽然军需处有人来请他下去算饷,他十分快乐的跑下楼去。不到一分钟,楼下就吹集合哨子,且听到有值日副官喊"备马"。我心中正纳闷,以为照情形看来好像要杀人似的。但杀谁呢?难道枪决逃兵吗?难道又要办一个土棍吗?随即听人大声嘶嚷,推开窗子看看,原来那弁目已被绑好,正站在院子中,卫队已集了合,成排报数,准备出发,值日官正在请令,看情形,大王一会儿就要推出去了。

被绑好了的大王,反背着手,耸起一副瘦瘦的肩膊,向两旁楼上人大声说话:

"参谋长,副官长,秘书长,军法长,请说句公道话,求求司令官的恩典,不要杀我吧。我跟了他多年,不做错一件事。我太太还在公馆里侍候司令太太。大家做点好事说句好话吧。"

大家互相望着,一句话不说。那司令官手执一枝象牙烟管,从大堂客厅中从从容容走出来,温文尔雅的站在滴水檐前,向两楼的高级官佐微笑着。

"司令官,来一分恩典,不要杀我吧。"

那司令官说:

"刘云亭,不要再说什么话丢你的丑。做男子的作错了事,应当死时就正正经经的死去,这是我们军队中的规矩。我们在这里作客,你黑夜里到监牢里去奸淫女犯,我念你跟我几年来做人的好处,为你记下一笔账,暂且不提。如今又想为非作歹,预备把良家妇女拐走,且想回家去拖队伍。我想想放你回乡去做坏事,作孽一生,尽人怨恨你,不如杀了你,为地方除一害。现在不要再说空话,你女人和小孩子我会照料,自己勇敢一点做个男子吧。"

那大王听司令官说过一番话后,便不再喊公道了,就向两楼的人送了一个微笑,忽然显得从从容容了:"好好,司令官,谢谢你几年来照顾,兄弟们再见,兄弟们再见。"一会儿又说,"司令官你真做梦,别人花六千块钱运动我刺你,我还不干!"司令官仿佛不听到,把头掉向一边,嘱咐副官买副好点的棺木。

于是这大王就被拥簇出了大门,从此不再见了。我当天下午依然上了船。我那护照上原有两个人的姓名,大王那一个临时用朱笔涂去,这护照一直随同我经过了无数恶滩,五天后到了保靖,方送到副官处去缴销。至于那温文尔雅才智不凡的张司令官,同另外几个差弁,则三年后在湘西辰州地方,被一个姓田的部属客客气气请去吃酒,进到辰州考棚二门里,连同四个轿夫,当欢迎喇叭还未吹毕时,一起被机关枪打死,所有尸身随即被浸渍在阴沟里,直到两月事平后方清出尸骸葬埋。刺他的部属田旅长,也很凑巧,一年后又依然在那地方,被湖南主席叶开鑫派另一个部队长官,用请客方法,在文庙前面夹道中刺死。

学历史的地方

从川东回湘西后,我的缮写能力得到了一方面的认识,我在那个治军有方,名誉极佳的统领官身边作书记了。薪饷仍然每月九元,却住在一个山上高处单独新房子里。那地方是本军的会议室,有什么会议需要纪录时,机要秘书不在场,间或便应归我担任。这分生活实在是我一个转机,使我对于全个历史各时代各方面的光辉,得了一个从容机会去认识,去接近。原来这房中放了四五个大楠木橱柜,大橱里约有百来轴自宋及明清的旧画,与几十件铜器及古瓷,还有十来箱书籍,一大批碑帖,不久且来了一部《四部丛刊》。这统领官既是个以王守仁曾国藩自许的军人,每个日子治学的时间,似乎便同治事时间相等,每遇取书或抄录书中某一段时,必令我去替他作好。那些书籍既各得安置在一个固定地方,书籍外边又必需作一识别,故书籍的秩序,书箱的表面,全由我去安排。旧画与古董登记时,我又得知道这一幅画的人名时代同他当时的地位,或器物名称同它的用处。全由于应用,我同时就学会了许多知识。又由于习染,我成天翻来翻去,把那些旧书大部分也慢慢的看懂了。

我的事情那时已经比我在参谋处服务时忙了些,任何时节都有事作。我虽可随时离开那会议室,自由自在到别一个地方去玩,但正当玩得十分畅快时,也会为一个差弁找回去的。军队中既常有急电或别的公文,于半夜时送来。回文如需即刻抄写时,我就随时得起床作事。但正因为把我仿佛关闭到这一个房子里,不便自由离开,把我一部分玩的时间皆加入到生活中来,日子一长,我便显得过于清闲了。因此无事可作时,把那些旧画一轴一轴的取出,挂到壁间独自来鉴赏,或翻开《西清古鉴》《薛氏彝器钟鼎款识》这一类书,努力去从文字与形体上认识房中铜器的名称和价值。再去乱翻那些书籍,一部书若不知道作者是什么时代的人时,便去翻《四库提要》。这就是说我从这方面对于这个民族在一段长长的年分中,用一片颜色,一把线,一块青铜或一堆泥土,以及一组文字,加上自己生命作成的种种艺术,皆得了一个初步普遍的认识。由于这点初步知识,使一个以鉴赏人类生活与自然现象为生的乡下人,进而对于人类智慧光辉的领会,发生了极宽泛而深切的兴味。若说这是个人的幸运,这点幸运是不得不感谢那个统领官的。

那军官的文稿,草字极不容易认识,我就从他那手稿上,望文会义的认识了不少新字。但使我很感动的,影响到一生工作的,却是他那种稀有的精神和人格。天未亮时起身,半夜里还不睡觉。凡事任什么他明白,任什么他懂。他自奉常常同个下级军官一样。在某一方面说来,他还天真烂漫,什么是好的他就去学习,去理解。处置一切他总敏捷稳重。由于他那分稀奇精力,筸军在湘西二十年来博取了最好的名誉,内部团结得如一片坚硬的铁,一束不可分离的丝。

到了这时我性格也似乎稍变了些,我表面生活的变更,还不如内部精神生活变动的剧烈,但在行为方面我已经同一些老同事稍稍疏远了。有时我到屋后高山去玩玩,有时又走近那可爱的河水玩玩,总拿了一本线装书。我所读的一些旧书,差不多就完全是这段时间中奠基的。我常常躺在一片草场上看书,看厌倦时,便把视线从书本中移开,看白云在空中移动,看河水中缓缓流去的菜叶。既多读了些书,把感情弄柔和了许多,接近自然时感觉也稍稍不同了。加之人又长大了一点,也间或有些不安于现实的打算,为一些过去了的或未来的东西所苦恼,因此生活虽在一种极有希望的情况中过着日子,但是我却觉得异常寂寞。

那时节我爸爸已从北方归来,正在那个前驻龙潭的张指挥部作军医正。他们军队虽有些还在川东,指挥部已移防下驻辰州。我的母亲和最小一妹皆在辰州;家中人对我前事已毫无芥蒂。我的弟弟正同我在一个部中作书记,我们感情又非常好。

我需要几个朋友,那些老朋友却不能同我谈话。我要的是个听我陈述一分酝酿在心中十分混乱的感情。我要的是对于这种感情的启发与疏解,熟人中没有这种人。可是不久却有个人来了,是我一个姨父,这人姓聂,与熊希龄同科的进士,上一次从桃源同我搭船上行的表弟便是他的儿子,这人是那统领官的先生,一来时被接待住在对河一个庙里,地名狮子洞。为人知识极博,而且非常有趣味,我便常常过河去听他谈"宋元哲学",谈"大乘",谈"因明",谈"进化论",谈一切我所不知道却愿意知道的问题。这种谈话显然也使他十分快乐,因此每次所谈时间总很长很久。但这么一来,我的幻想更宽,寂寞也就更大了。

我总仿佛不知道应怎么办就更适当一点。我总觉得有一个目的,一件事业,让我去做,这事情是合于我的个性,且合于我的生活的,但我不明白这是什么事业,又不知用什么方法即可得来。

当时的情形在老朋友中只觉得我古怪一点,老朋友同我玩时也不大玩得起劲了。觉得我不古怪,且互相有很好的友谊的,只四个人:一个满振先,读过《曾文正公全集》,只想作模范军人。一个陆弢,侠客的崇拜者。一个田杰,就是我小时候在技术班的同学,第一次得过兵役名额的美术学校学生,心怀大志的脚色。这三个人当年纪青青的时节,便一同徒步从黔省到过云南,又徒步过广东,又向西从宜昌徒步直抵成都。还有一个回教徒郑子参,从小便和我在小学里念书,我在参谋处办事时节,便同他在一个房子里住下。平常人说的多是幼有大志,投笔从戎,我们当时却多是从戎而无法投笔的人。我们总以为这目前一分生活不是我们的生活。目前太平凡,太平安。我们要冒点险去作一件事,不管所作的是一件如何小事,当我们未明白以前,总得让我们去挑选,不管到头来如何不幸,我们总不埋怨这命运。因此到后来姓陆的就因泗水淹毙在当地大河里。姓满的作了小军官,广西江西各处打仗,民十八在桃源县被捷克式自动步枪打死了。姓郑的从黄埔四期毕业,在东江作战以后,也消失了。姓田的从军官学校毕业作了连长,现在还是连长。我就成了如今的我。

我们部队既派遣了一个部队过川东作客,本军又多了一个税收局卡,给养也充足了些。那时"兵工筑路垦荒","办学校","兴实业",几个题目正给许多人在报纸上讨论。那个统领官既力图自强,想为地方作点事情,因此亲手草了一个精密的计划,召集了几度县长与乡绅会议,计划把所辖十三县划成一百余乡区,试行湘西乡自治。草案经过各县区代表商定后,一切照决议案着手办去。不久就在保靖地方设立了一个师范讲习所,一个联合模范中学,一个女学,一个职业女学,一个模范林场。另外还组织了六个工厂。本地又原有一个军官学校,一个兵士教练营。再加上六千左右的军农队。学校教师与工厂技师,全部由长沙聘来,因此地方就骤然有了一种崭新的气象。此外为促进乡治的实现与实施,还筹备了个定期刊物,办了一部大印报机,设立了一个报馆。这报馆首先印行的便是《乡治条例》与各种规程,这种文件大部分由那统领官亲手草成,乡代表审定通过,由我在石印纸上用胶墨写过一次,现在既得用铅字印行,一个最合理想的校对,便应当是我了。我于是暂时调到新报馆作了校对,部中有文件抄写时,便又转回部中。从市街走两地相距约两里,从后山走相距稍近,我为了方便时常从那埋葬小孩坟墓上蹲满野狗的山地走过,每次总携了一个大棒。

一个转机

调进报馆后,我同一个印刷工头①住在一间房子里。房中只有一个窗口,门小小的,隔壁是两架手摇平板印刷机,终日叽叽格格大声响着。

这印刷工人倒是个有趣味的人物。脸庞眼睛全是圆的,身个儿长长的,具有一点青年挺拔的气度。虽只是个工人,却因为在长沙地方得风气之先,由于"五四运动"的影响,成了个进步工人。他买了好些新书新杂志,削了几块白木板子,用钉子钉到墙上去,就把这些古怪东西放在上面。我从司令部搬来的字帖同诗集,我却把它们放到方桌上。我们同在一个房里睡觉,同在一盏灯下做事,他看他新书时我就看我的旧书。他把印刷纸稿拿去同几个别的工人排好印出样张时,我就好好的来校对。到后自然而然我们就熟习了。我们一熟习,我那好向人发问的乡巴老脾气,有机会时,必不放过那点机会。我问那本封面上有一个打赤膊人像的书是什么,他告了我是《改造》以后,我又问他那《超人》是什么东西。我还记得他那时的样子,脸庞同眼睛皆圆圆的,简直同一匹猫儿一样:"唉,伢俐,怎么个末朽②?一个天下闻名

---
① 这位印刷工人名叫赵奎五。
② 长沙方言。"伢俐"即"小伙子"的意思;"个末朽"即"这样差劲"的意思。

的女诗人……也不知道么?""我只知道唐朝女诗人鱼玄机是个道士。""新的呢?""我知道随园女弟子。""再新一点?"我把头摇摇,不说话了。我看到他那神气我倒觉得有点害羞,我实在什么也不知道。等一会儿我可就知道了,因为我顺从他的指点,看了这本书中一篇小说。看完后我说:"这个我知道了。你那报纸是什么报纸?是老《申报》吗?"于是他一句话不说,又把刚清理好的一卷《创造周报》推到我面前来,意思好像只要我一看就会明白似的,若不看,他纵说也说不明白的。看了一会,我记着了几个人的名字。又知道白话文与文言文不同的地方,其一落脚用也字同焉字,其一落脚却用呀字同啊字,其一写一件事情越说得少越好,其一写一件事情越说得多越好。我自己明白了这点区别以后,又去问那印刷工人,他告我的大体也差不多。当时他似乎对于我有点觉得好笑,在他眼中我真如长沙话所谓有点朽。

不过他似乎也很寂寞,需要有人谈天,并且向这个人表现表现思想。就告我白话文最要紧处是"有思想",若无思想,不成文章。当时我不明白什么是思想,觉得十分忸怩。若猜得着十年后我写了些文章,被一些连我文章上所说的话语意思也不懂的批评家,胡乱来批评我文章"没有思想"时,我即不懂"思想"是什么意思,当时似乎也就不必怎样惭愧了。

这印刷工人使我很感谢他,因为若没有他的一些新书,我虽时时刻刻为人生现象自然现象所神往倾心,却不知道为新的人生智慧光辉而倾心。我从他那儿知道了些新的,正在另一片土地同一日头所照及的地方的人,如何去用他们的脑子,对于目前社会作一度检讨与批判,又如何幻想一个未来社会的标准与轮廓。他们那么热心在人类行为上找寻错误处,发现合理处,我初初注意到时,真发生不少反感!可是,为时不久,我便被这些大小书本征服了。我对于新书投了降,不再看《花间集》,不再写《曹娥碑》,却欢喜看《新潮》《改造》了。

我记下了许多新人物的名字,好像这些人同我都非常熟习。我崇拜他们,觉得比任何人还值得崇拜。我总觉得稀奇。他们为什么知道事情那么多。一动起手来就写了那么多,并且写得那么好。可是我完全想不到我原来知道比他们更多,过一些日子我并且会比他们写得更好。

为了读过些新书,知识同权力相比,我愿意得到智慧,放下权力。我明白人活到社会里应当有许多事情可作,应当为现在的别人去设想,为未来的人类去设想,应当如何去思索生活,且应当如何去为大多数人牺牲,为自己一点点理想受苦,不能随便马虎过日子,不能委屈过日子了。

我常常看到报纸上普通新闻栏说的卖报童子读书补锅匠捐款兴学等记载,便想自己读书既毫无机会,捐款兴学倒必需做到。有一次得了十天的薪饷,就全部买了邮票,封进一个信封里,另外又写了一张信笺,说明自己捐款兴学的意思,末尾署名"隐名兵士",悄悄把信寄到上海《民国日报·觉悟》编辑处去,请求转交"工读团",这捐款自然不会有什么着落,但作过这件事情后,心中却有说不出的秘密愉快。

那时皮工厂,帽工厂,被服厂,修械厂,组织就绪已多日,各部分皆有了大规模的标准出品。第一班师范讲习所已将近毕业,中学校,女学校,模范学校,全已在极有条理情形中上课。我一面在校对职务上作我的事情,一面向那印刷工人问些下面的情形,一面就常常到各处去欣赏那些我从不见到过的东西。修械处的长大车床，与各种大小轮轴，被一条在空中的皮带拖着飞跃活动，从我眼中看来实在是一种壮观。其他各个工厂亦无事不触目惊人。尚有学校，那些从各处派来的青年学生，在一般年轻教师指导下，在无事无物不新的情形中，那分活动实在使我十分羡慕。我无事情可作时，总常常去看他们上课，看他们打球。学生中有些原来和我在小学时节一堆玩过闹过的，把我请到他们宿舍去，看看他们那样过日子，我便有点难受。我能聊以自解的只一件事，就是我正在为国家服务，却已把服务所得，作了一次捐资兴学的伟大事业。

本军既多了一些税收，乡长会议复决定了发行钞票的议案，金融集中到本市，因此本地顿呈现空前的繁荣。为了乡自治的决议案，各县皆摊款筹办各种学校，同时造就师资，又决定了派送学生出省或本省留学的办法。凡学棉业，蚕桑，机械，师范，以及其他适于建设的学生，在相当考试下，皆可由公家补助外出就学。若愿入本省军官学校，人既在本部任职，只要有意思前去，即可临时改委一少尉衔送去。我想想，我也得学一样切实的技能好来为本军服务。可是我应当学什么？能够学什么？完全不知道。

因为部中的文件缮写，需要我处似乎比报纸较多，我不久又被调了回去，仍然作我的书记。过了不久，一场热病袭到了身上，在高热胡涂中任何食物不入口，头痛得像斧劈，鼻血一碗一滩的流，我支持了四十天。感谢一切过去的生活，造就我这个结实的体魄，没有被这场大病把生命取去。但危险期刚过不久，平时结实得同一只猛虎一样的老同学陆弢，为了同一个朋友争口气，泅过宽约一里的河中，却在小小疏忽中被洄流卷下淹死了。第四天后把他死尸从水面拖起，我去收拾他的尸骸掩埋，看见那个臃肿样子时，我发生了对自己的疑问。我病死或淹死或到外边去饿死，有什么不同？若前些日子病死了，连许多没有看过的东西都不能见到，许多不曾到过的地方也无从走去，真无意思。我知道见到的实在太少，应知道应见到的可太多，怎么办？

我想我得进一个学校，去学些我不明白的问题，得向些新地方，去看些听些使我耳目一新的世界。我闷闷沉沉的躺在床上，在水边，在山头，在大厨房同马房，我痴呆想了整四天，谁也不商量，自己很秘密的想了四天。到后得到一个结论了，那么打量着："好坏我总有一天得死去，多见几个新鲜日头，多过几个新鲜的桥，在一些危险中使尽最后一点气力，咽下最后一口气，比较在这儿病死或无意中为流弹打死，似乎应当有意思些。"到后我便这样决定了："尽管向更远处走去，向一个生疏世界走去，把自己生命押上去，赌一注看看，看看我自己来支配一下自己，比让命运来处置得更合理一点呢还是更糟糕一点？若好，一切有办法，一切今天不能解决的明天可望解决，那我赢了；若不好，向一个陌生地方跑去，我终于有一时节肚子瘪瘪的倒在人家空房下阴沟边，那我输了。"

我准备过北京读书，读书不成便作一个警察，作警察也不成那就认了输，不再作别的好打算了。

当我把这点意见，这样打算，怯怯的同我上司说及时，感谢他，尽我拿了三个月的薪水以外，还给了我一种鼓励，临走时他说："你到那儿去看看，能讲什么学校，一年两年可以毕业，这里给你寄钱来，情形不合，你想回来，这里仍然有你吃饭的地方。"我于是就拿了他写给我的一个手谕，向军需处取了二十七块钱，连同他给我的一分勇气，离开了我那个学校，从湖南到汉口，从汉口到郑州，从郑州转徐州，从徐州又转天津，十九天后，提了一卷行李，出了北京前门的车站，呆头呆脑在车站前面广坪中站了一会。走来一个拉排车的,高个子,一看情形知道我是乡巴老,就告给我可以坐他的排车到我所要到的地方去。我相信了他的建议,把自己那点简单行李,同一个瘦小的身体,搁到那排车上去,很可笑的让这运货排车把我拖进了北京西河沿一家小客店,在旅客簿上写下——

沈从文年二十岁学生湖南凤凰县人

便开始进到一个使我永远无从毕业的学校,来学那课永远学不尽的人生了。

廿年八月在青岛作

廿九年十月十日在昆明校改

三十年一月七日校毕

附　记

　　这个《自传》，写在一九三二年秋间，算来时间快有半个世纪了。当时我正在青岛大学教散文习作。本人学习用笔还不到十年，手中一枝笔，也只能说正逐渐在成熟中，慢慢脱去矜持、浮夸、生硬、做作，日益接近自然。为了补救业务上的弱点，我得格外努力。因此不断变换作品的内容和形式，用不同方法处理文字组织故事，进行不同的试探。当时年龄刚过三十，学习情绪格外旺盛。加之海边气候对我又特别相宜；每天都有机会到附近山上或距离不及一里的大海边去，看看远远近近云影波光的变化，接受一种对我生命具有重要启发性的教育。因此工作效率之高，也为一生所仅有。前一段十年，基本上在学习用笔。后来留下些短短篇章，若还看得过去，大多数是在青岛这两年半内完成的。并且还影响此后十年的学习和工作。我的作品，下笔看来容易，要自己点头认可却比较困难。因为前后二十年，总是把所写作品当成一个学习过程看待，不大在成败得失上注意。这个《自传》的产生却不同一些。一个朋友准备在上海办个新书店，开玩笑要我来为"打头阵"，约定在一个月内必须完成。这种迫促下出题交卷，对我并不习惯。但当时主观设想，觉得既然是自传，正不妨解除习惯上的一切束缚，试改换一种方法，干脆明朗，就个人记忆到的写下去，既可温习一下个人生命发展过程,也可以让读者明白我是在怎样环境下活过来的一个人。特别在生活陷于完全绝望中,还能充满勇气和信心始终坚持工作,他的动力来源何在。因此仅仅用了三个星期,写成后重看一次,就破例寄过上海交了卷。过不久印成单行本后,却得到些意外好评。部分读者可能但觉得"别具一格,离奇有趣"。只有少数相知亲友,才能体会到近于出入地狱的沉重和辛酸。可是由我说来,不过是还不过关的一本"顽童自传"而已。书中前一部分学生生活占分量过多。虽着重在反对教"子曰"老塾师顽固而无效果教育方法,一般读者可能只会得到些"有趣"印象,不可能感到有什么积极意义。因为到他们读我作品时,时代已不同了,"子曰"早已失去作用,随之而来的却是封建军阀大小割据打来杀去国势陷于十分危急时期。后一部分写离开家庭进入大社会后的见闻和生活遭遇,体力和精神两方面所受灾难性挫折和创伤。个人还是不免受到些有形无形限制束缚,不能毫无顾忌的畅所欲言。当时还以为到再版时,将有机会加以调整补充。事实上一九三三年夏回到北平后,新的工作一接手,环境一变,我的打算全部落了空,不能不放弃了。

时间过了半个世纪,我所经历的一切和我的创作都成了过时陈迹。现在《新文学史料》编辑部忽然建议重发我的《自传》,我是颇有些犹豫的。时代前进了,我这本《自传》还能给青年读者起些什么教育作用,实令人怀疑。但是这本《自传》确实也说明了一点事实。由此可以明白,一个材质平凡的乡下青年,在社会剧烈大动荡下,如何在一个小小天地中度过了二十年噩梦般恐怖黑暗生活。由于"五四"运动余波的影响才有个转机,争取到自己处理自己命运的主动权,完成了向社会学习前一阶段的经历后,并开始进入一个更广大复杂的社会大学,为进行另一阶段的学习作了准备。如今说来,四五十岁生长在大城里的知识分子,已很少有明白我是干什么的人;即部分专业同行,也很难有机会读到我过去的作品。即或偶然见到些劫余残本,对于内中反映的旧社会部分现实,也只会当成"新天方夜谈"或"新聊斋志异"看待。只有少数中的少数,真正打量采用个历史唯物主义严肃认真态度,不带任何成见来研究现代文学史的工作者,对他们或许还有点滴用处。因为借此作为线索,才可望深一层明白我一九二五年"良友"印的《习作选题记》①、《边城题记》,一九四七年印的《长河引言》②及一九五七年《沈从文小说选题记》中对于写作的意图和理想,以及尊重实践、言简意深的含义。再用来和我作品互相对照,得到的理解,必将比前人认识明确、深刻而具体。因此我同意把它重新发表,并作了些补充、修改和校订。

　　　　　　　　　　　从文　一九八〇年五月十七日

(原载1980年8月22日出版的《新文学史料》1980年第3期。1981年12月收入人民文学出版社初版的《从文自传》一书。现采用人民文学出版社1981年文本。)

---

① 即《习作选集代序》,收入《从文小说习作选》一书,实际出版于1936年。
② 即《长河题记》,发表于1943年。收入《长河》出版的实际年代是1945年和1948年。

附录：

略传——从文自序

我生长在湖南西部凤凰城中，到十五岁时始离开了那个地方。在九个儿女的家庭中，我应排列到第四。

因为生长地方，为清时屯戍重镇。绿营制度到近年尚依然存在，故于过去祖父曾入军籍，作过一回镇守使，现在兄弟及父亲皆仍在军籍中做中级军官。因地方极其偏僻，与苗民杂处聚居，教育文化皆极低落，故长于其环境中的我，幼小时显出生命的那一面，是放荡与诡诈。

十二岁我曾受过关于军事的基础训练，十五岁时随军外出曾作上士。后到沅州，为一城区屠宰收税员，不久又以书记名义，随某剿匪部队在川,湘,鄂,黔四省边上过放纵野蛮生活约三年。因身体衰弱，年龄渐长，从各样生活中养成了默想与体会人生趣味的习惯；对于过去生活，有所怀疑，渐觉有努力位置自己在一陌生事业上之必要。因这幢憬的要求，胡胡涂涂的到了北京。

过北京本意是读书，但到了那地方，才知道任何处皆缺少不花钱可读书的学校，故只在北京小公寓中住下。最先写文章是在北京《晨报》的"北京"栏得到发表的机会。那里只需要一个滑稽的天分就容易办好的。第一次用一个别名写的短文,报酬为书券五角。

后得与郁达夫,林宰平,徐志摩,陈通伯等认识,发表创作于《晨报副刊》,《现代评论》两刊物上面。近来小说则常登载于《小说月报》与《新月杂志》上面。六年创作生活把创作集印成为单行本小册子约有四十种。但这些作品在自己看来,皆认为仅只为向一个完全努力意义所留下的构图习作,毫无可矜持的一篇文章存在的。

现在以无所属那种个人态度,仍然继续写作。还在吴淞中国公学教了点书,年纪是二十八岁。

十九年三月二日

(原载王哲甫编著的《中国新文学运动史》一书,1933年北平杰成书局出版。"略传"二字是该书第9章分别介绍不同作家时的统一标题。此据《中国新文学运动史》编入。)

自我评述

　　我出生在湖南西部边远地区一个汉苗杂处的小小山城。小时因顽劣爱逃学，小学刚毕业，就被送到土著军队中当兵，在一条沅水和它的支流各城镇游荡了五年。那时正是中国最黑暗的军阀当权时代，我同士兵、农民、小手工业者以及其他形形色色社会底层人们生活在一起，亲身体会到他们悲惨的生活，亲眼看到军队砍下无辜苗民和农民的人头无数，过了五年不易设想的痛苦怕人生活，认识了中国一小角隅的好坏人事。一九二二年"五四"运动余波到达湘西，我受到新书报影响，苦苦思索了四天，决心要自己掌握命运，毅然离开家乡，只身来到完全陌生的北京。从此就正如我在《从文自传》中所说，进到一个永远无从毕业的学校，来学习那课永远学不尽的"人生"了。

　　我人来到城市五、六十年，始终还是个乡下人，不习惯城市生活，苦苦怀念我家乡那条沅水和水边的人们，我感情同他们不可分。虽然也写都市生活，写城市各阶层人，但对我自己作品，我比较喜爱的还是那些描写我家乡水边人事哀乐故事。因此我被称为乡土作家。

　　（本文原标题为《自我评述》，由张兆和记录整理。1988 年 5 月 12 日台湾《联合报》曾以《沈从文自我评述》为题首次发表。此据《联合报》文本编入。）

自订年表

出生年月日：　一九〇二年十二月二十八日。
籍贯：　　　　中国湖南凤凰县
性别：　　　　男
笔名：　　　　岳焕,懋琳,上官碧,窄而霉斋主人,甲辰,小兵
父：　　　　　沈宗嗣,医生
母：　　　　　黄英
配偶：　　　　张兆和
结婚年月：　　一九三三年九月九日。(已退休)
子：　　　　　沈龙朱。一九三四·十一·二十
次子：　　　　沈虎雏。一九三七·五·三十一
学历：　　　　仅受小学教育,无任何学位,无党派,无宗教信仰
住址：　　　　北京前门东大街三号五〇七室
工作单位地址：北京建国门内大街五号中国社会科学院历史研究所
文学代理人：　中国社会科学院历史所

简 历

一九一七～一九二二： 当兵
一九二四～一九二八： 写作(职业)
一九二八～一九三〇： (吴淞)中国公学讲师
一九三〇下半年： 武汉大学讲师
一九三一～一九三三： 青岛大学讲师
一九三四～一九三九： (北京)编中小学国文教课书
一九三九～一九四七： (昆明市)西南联合大学副教授、教授
一九四七～一九四九： 北京大学教授
一九二八～一九四七： 业余写作,曾编《大公报》《益世报》等文艺副刊
一九五〇～一九七八： (北京)历史博物馆文物研究员
一九七八～： 中国社会科学院历史所研究员
会籍： 国际笔会北京分会会员,中国作家协会、美术家协会、历史学会会员

文学著作

鸭子	北京北新书局	一九二六
蜜柑	上海新月书店	一九二七
入伍后	北京北新书局	一九二七
老实人	上海现代书局	一九二八
好管闲事的人	上海新月书店	一九二八

不死日记	上海人间书店	一九二八
阿丽思中国游记一卷	上海新月书店	一九二八
阿丽思中国游记二卷	上海新月书店	一九二八
雨后及其他	上海春潮书店	一九二八
篁君日记	北平文化学社	一九二八
神巫之爱	上海光华书局	一九二九
旅店及其他	上海中华书局	一九三〇
男子须知(一名"在别一个国度里")		一九三〇
一个天才的通信	上海光华书局	一九三〇
沈从文甲集	上海神州国光社	一九三〇
旧梦	上海商务印书馆	一九三〇
石子船	上海中华书局	一九三一
从文子集	上海新月书店	一九三一
一个女剧员的生活	上海大东书局	一九三一
记胡也频	上海光华书局	一九三二
泥涂	北京星云堂书店	一九三二
都市一妇人	上海新中国书局	一九三二
一个母亲	上海合成书局	一九三三
阿黑小史	上海新时代书局	一九三三
月下小景	上海现代书局	一九三三
游目集	上海大东书局	一九三四
沫沫集	上海大东书局	一九三四
如蕤集(小说)	上海生活书店	一九三四
从文自传	上海时代书局	一九三四
	(北京人民文学出版社	一九八一)

记丁玲	上海良友图书公司	一九三四
边城	上海生活书店	一九三四
	（江西人民出版社	一九八一）
八骏图	上海文化生活出版社	一九三五
从文小说习作选	上海良友图书公司	一九三六
新与旧	上海良友图书公司	一九三六
湘行散记	上海商务印书馆	一九三六
废邮存底（沈从文、萧乾）	上海文化生活出版社	一九三七
一个妇人的日记	上海晨光书局	一九三八
记丁玲　续集	良友复兴图书公司	一九三九
昆明冬景	上海文化生活出版社	一九三九
主妇集	长沙商务印书馆	一九三九
湘西	长沙商务印书馆	一九四〇
烛虚	桂林文化生活出版社	一九四〇
春灯集	桂林开明书店	一九四三
黑凤集	桂林开明书店	一九四三
春	桂林开明书店	一九四三
云南看云集	重庆国民图书出版社	一九四三
长河	上海开明书店	一九四八
沈从文小说选集	北京人民文学出版社	一九五七
从文散文集	香港时代图书公司	一九八〇
沈从文小说选	湖南人民出版社	一九八一
沈从文散文选	湖南人民出版社	一九八一
沈从文文集（十二卷本）	香港三联书店、广州花城出版社一九八一～一九八五	

附录

　　　　　　　　　　　（已出八卷）
沈从文散文选　　　　　北京人民文学出版社　　　一九八二
沈从文小说选(一、二集)　北京人民文学出版社　　　一九八二
沈从文选集(五卷本)　　四川人民出版社　　　　　一九八三

文物论著

中国丝绸图案　王家树绘图　中国古典艺术出版社
　　　　　　　　　　　　　　　　　　　　　　一九五八
唐宋铜镜　中国古典艺术出版社　　　　　　　　一九五八
明锦　　沈从文、张仃、雷圭元、吴劳合编　　　一九五九
战国漆器　　荣宝斋出版(北京)　　　　　　　　一九六二
龙凤艺术　　作家出版社(北京)　　　　　　　　一九六〇
中国古代服饰研究　　商务印书馆香港分馆　　　一九八一
现正在写作中：中国扇子发展
个人兴趣：爱好中国文物书画艺术品，西洋古典音乐，不懂英语
介绍本人文章：黄永玉　太阳下的风景　"花城"一九八〇年第五集(黄永玉文附在中国文学杂志社英译沈从文"The Bor·der Town and Other stories"后译为"My Uncle Shen Congwen")。

　　(本文原无标题，由张兆和记录整理。1988年5月12日台湾《联合报》曾以《沈从文自订年表》为题首次发表。据《联合报》文本校勘后编入。)